私たちが国際協力する理由

人道と国益の向こう側

著者:
紀谷昌彦
Masahiko Kiya
山形辰史
Tatsufumi Yamagata

Why should we act for international cooperation?

Looking beyond humanitarian and national interest considerations

日本評論社

はじめに

山形辰史

東京にはアジアからの旅行者が増えてきました。中国人や韓国人のみならず、タイ人やフィリピン人、そしてインドネシアやマレーシアからのイスラム教徒の観光客が増えてきたことにお気づきでしょうか。東アジアの人々は、国民のうちかなりの層が海外旅行するほど豊かになったといえます。一方、シリアやイエメン、南スーダンやアフガニスタンなど紛争が多発する国々では、日々の安全が脅かされ、食料や生活必需品も十分ではありません。繁栄してグローバル化する世界がある反面で、暴力や栄養不良が日々の深刻な憂いである世界が同時代に併存しています。

私たち、二人のこの本の著者は、共に1960年代に生まれました。そのころ日本はある面では欧米に追い付き、その他の面ではかなりの後れをとっていました。日本人は徐々に、日本のことだけを考えるのではなく、世界に対して貢献するリーダーとなることも思い描くことができるようになっていました。

二人とも1980年代後半に大学を卒業し、紀谷は外交官として、日本が世界に接する前線に立つようになりました。ナイジェリア、アメリカのワシントンDC、バングラデシュに駐在して、日本の外交や国際協力の現場を経験します。山形は研究者として職業生活に入り、１９９０年代後半から、何冊かの開発経済学の教科書を執筆したり編集したりしました。そして２００４年にバングラデシュで紀谷と出会います。そのころ日本政府は主要な援助受入国について国別援助計画を作成しようとしており、紀谷と山形はそれぞれ実務レベルで、バングラデシュ現地ＯＤＡタスクフォースの調整役（紀谷：在バングラデシュ日本国大使館経済協力班長）と東京タスクフォースの主査（山形：アジア経済研究所研究員）という立場で、協力して日本の対バングラデシュ国別援助計画の原案を作成しました。

二人が社会人になった１９８０年代後半から今日まで、世界や日本には大きな変化がありました。１９９１年にソビエト連邦が崩壊して、東西冷戦構造が消滅しました。１９９０年代前半に日本の政府開発援助（ＯＤＡ）供与額は世界一でしたが、その後はアメリカやヨーロッパのいくつかの国々に追い抜かれていきます。中国を含む東アジア諸国は貧困削減と経済発展を進め、中国は今や大きな援助供与国になっています。日本の国際的な地位も、多くの分野でアメリカと肩を並べた、と思われていた１９９０年代と現在とでは、少なくとも相対的な意味での低下が見られます。

そんな中で私たち二人は、２０１９年の今現在、日本と世界の関係や、国際協力・開発援助のあるべき姿について、これまで様々な場で議論・発信してきた考えを整理して世に問うべきではないかと思いました。というのは、特に国際開発における「国益」の位置付けが、（第1章で詳述するように）2015年の開発協力大綱の閣議決定以来、重みを増してきたのではないかと思われているからです。国益を国際開発の中でどう位置付け、具体的にどう解釈するのか、という問いは長く議論されてきました。それが今日、新しい重要性を有する課題として、国際協力に従事する人々に突き付けられています。

この課題に対して我々二人は、それぞれの見方、姿勢を持っています。二人の見方や姿勢がすべて完全に一致していたわけではありません。しかしその違いも含めて立論し、読者の議論に付すことが有意義だろうと考えました。そこで本書を「意見の応答」の形で構成するように企画しました。

まず第1章では山形が、国際開発の文脈における国益の現れ方について問題提起をします。「誰のために」という言葉を吟味した後で、「何のために協力すべきか」という論理を整理します。これらの整理を念頭に置きながら、読者が本書を読むことを求めます。

第2章では紀谷が国益に世界益を対置します。開発で世界益を追求し、外交で国益を達しようとするわけですが、両者が必ずしも対立・矛盾するとは限らないことに、国益と世界益の両立と共存、同時達成と相乗効果の可能性を見出します。

これに対して山形は第3章で留保を表します。現在「世界益」の象徴と目されている「持続可能な開発目標（Sustainable Development Goals：ＳＤＧｓ）」でさえも、17もの多くの目標の集合体となっていることから、世界各国の国益に応じた「良いとこどり」が許される構造になっており、「国益と世界益の両立」の手段となり得ていないことを嘆きます。むしろミレニアム開発目標（Millennium Development Goals：ＭＤＧｓ）が真剣に追い求められていた２０００年代の最初の10年のような時代が再び訪れることに期待を示します。

それに対して第4章で紀谷は、国益と世界益の両立の具体的な姿を、これまで自身がワシントンＤＣやバングラデシュ、南スーダン、そして日本で取り組んできた事例を用いて明らかにします。日本の優位性や得意分野を国際貢献に活かすことで、日本政府・企業・ＮＧＯの活躍が、国益と世界益の双方に資するような取組を推進し、日本国民の支持・参画と世界からの評価・感謝の双方を高めることが可能である、それが本当に実現できるか否かは私たち一人ひとりの姿勢と努力次第であると主張します。

二人の著者は、現在の世界の一国中心主義が広まっている状況への問題意識を共有しており、それが本書の出版の動機となっていたのですが、国益・世界益に関する現状認識や取り組み方の提案については別個の意見を持っています。それらを交互に各章に配置しました。その意味で本書は共著というより「競著」と呼ぶべきかも知れません。読者の皆さんには、我々二人の見方のどの部分に賛成するか、反対するかを考えていただき、今度は読者の皆さんが、日本や世界で意見表明し、そしてその自らの意見を自らの立場で行動に移していただければ幸いです。

私たちが国際協力する理由——人道と国益の向こう側　目次

1

問題提起：国際開発は国益とどう向き合うべきか？

山形辰史

1-1　多層な社会に属している私たち

２０１７年1月、ドナルド・トランプがアメリカの大統領に就任しました。トランプは自身の政策運営の大方針として「アメリカ・ファースト」を掲げ、国際社会の重要な一員としての政策よりも、アメリカ国民の利益を高める政策を優先する姿勢を鮮明にしました。その後、トランプの姿勢に同調する政治指導者は他国にも次々現れました。２０１７年12月にオーストリアでは、当時31歳という若さのセバスチャン・クルツ国民党党首が、強いナショナリズム（国家主義）を標榜する自由党と連立政権を樹立しました。２０１８年6月にイタリアでは反移民を掲げる政党「同盟」が、新進の五つ星運動という政党と連立政権を樹立しました。また２０１９年1月にブラジルの大統領に就任したジャイール・ボルソナロは、トランプ大統領と同様に「ブラジル・ファースト」を方針としています。日本でも「日本ファースト」、「都民ファースト」、「アスリート・ファースト」といった言葉を耳にしたことがあるのではないでしょうか。これらの○○ファーストという考え方は、自分が属している組織や社会に所属している人たちに対して、その組織や社会の利益を一番に考えることを求めています。

属する社会の多様性

しかし、よく考えてみると私たちは、いくつかの組織や社会に同時に属しながら、日々生活を送っています。社会と名の付くものだけを取り上げても、地域社会、市民社会、日本社会、国際社会、といった大小様々多層な社会があります。「社会」と名付けられてはいませんが、家族は私たちが属する最も身近な「社会」の一つと言えるでしょう。学校の生徒の間にも一種の「社会」が形成されていると言えますし、学校自体が一つの社会と言えるかもしれません。同様に、会社員にとって会社も一つの社会と言えるでしょう。クラブやサークル、地域やマンションの自治会も社会に数えられます。

このように私たち一人ひとりは、同時に複数の社会の構成員になっています。家族の一員であると同時に、地域社会の一員でもあり、日本社会にも属しており、そして「宇宙船地球号」に例えられる地球の一員でもあるというわけです。私たちはこのような多層な社会に囲まれ、守られ、そして働きかけることによって生活を送っています。

「国」という社会

私たちを取り巻く社会の中でも「国」というまとまりは特別なものです。主権国家という言葉があるように、国は立法、行政、司法の三権を有しており、国を単位として憲法が制定されます。司法についても、国レベルの最高裁判所が最上級の裁判所として位置づけられており、警察や防衛も国を単位として指揮命令系統が形成されています。

「あなたは何人《なにじん》ですか」という質問は、多くの場合、「あなたはどの国の国民ですか」ということを意味しています。オリンピック・パラリンピック、そして多くのスポーツのワールド・カップなどの大会は、国代表によって競い合うことが一般的です。ラグビーのワールド・カップでは、スコットランドやウェールズといった、イギリスという国（正確には「グレート・ブリテンおよび北アイルランド連合王国」）の一部の地域が代表チームになっていますが、これは例外的と言えるでしょう。スポーツならずとも、国連の構成員は「加盟国」ですし、国際条約も国と国との間で交わされます。このように国を単位とした括りで制度構築や国際交流が展開されることが多いため、私たちのアイデンティティ（自己認識、帰属意識）として、国（日本人の場合には日本）が、強く意識されていると言えるでしょう。

政府開発援助（ODA）

この本の主なテーマである開発援助も、多くの場合、国を単位としてなされています。政府開発援助（Official Development Assistance：ODA）は、二国間援助と多国間援助に大別されます。二国間援助は国と国との直接的な援助を意味しており、援助国（ドナー）が被援助国に対して、贈与か借款（融資と同義）を行います。（ただし贈与には技術協力も含まれます。）日本がバングラデシュに対して病院の施設や機材を供与する、とか、中国がケニアに対して鉄道建設のための低利融資を行う、といった支援が二国間援助の例として挙げられます。これに対して多国間援助とは、援助国が国連機関や多国間開発銀行（例えば世界銀行〔World Bank〕やアジア開発銀行〔Asian Development Bank：ＡＤＢ〕）等に拠出や出資を行い、それら国連機関や多国間開発銀行等が開発途上国に援助を行うことを指しています。多国間援助としては、国連児童基金（ユニセフ）がパキスタンに対してポリオ・ワクチンを供与する、世界銀行がザンビアに対して財政支援（budget support：開発途上国の中央政府予算に、使途を限定しない資金を融資すること）を行う、といった例があります。

二国間援助であれ多国間援助であれ、政府開発援助が国単位で行われることに変わりはありません。多国間援助は、援助国と被援助国の間に国連機関や多国間開発銀行等が入り、間接的に開発途上国を支援する形式と解釈することもできます。

より厳密に言えば、政府開発援助の受け手は、開発途上国の中央政府に限りません。開発途上国の地方自治体、ＮＧＯ（非政府組織）、（公共性の高い）企業等に対して、援助国政府が直接支援することもあります。しかし二国間援助の多くは、援助国の中央政府（例えば日本政府）から開発途上国の中央政府（例えばエチオピア政府）に対してなされています。中でも

図1.1　日本の政府開発援助総額の内訳（2017年）

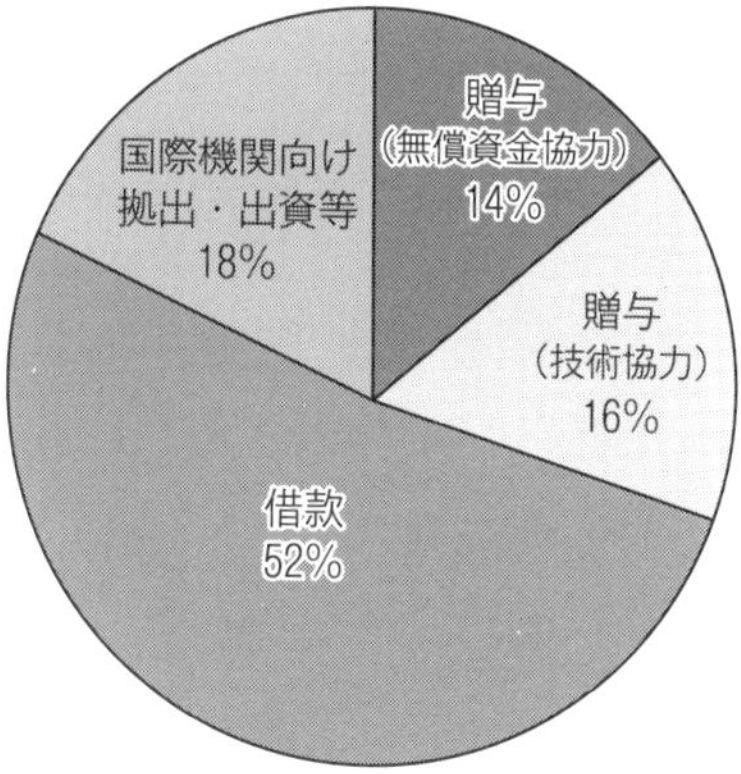

出典：外務省『2018年版 開発協力白書：日本の国際協力』外務省、2019年、4ページをもとに筆者作成

日本は、開発途上国の中央政府を通して援助を行うことを原則にしています。この「中央政府支援の原則」は、「開発途上国政府の要請に基づいて援助を行う」という側面を捉えて「要請主義」と呼ばれています。

このように政府開発援助は、その受け手には開発途上国中央政府以外の機関があり得るものの、出し手としては援助国中央政府が行うものと言えます。

ここで簡単に日本の政府開発援助についてまとめておきましょう。２０１７年のＯＤＡ総額は２兆７１０億円で、そのうちの30％が贈与（内訳：無償資金協力が14％、技術協力が16％）で、52％が借款でした。これらに加え、国際機関向け拠出・出資等が、残りの18％を占めます（図１・１）。写真１・１は、

写真1.1　バングラデシュの病院に供与された新生児保育器

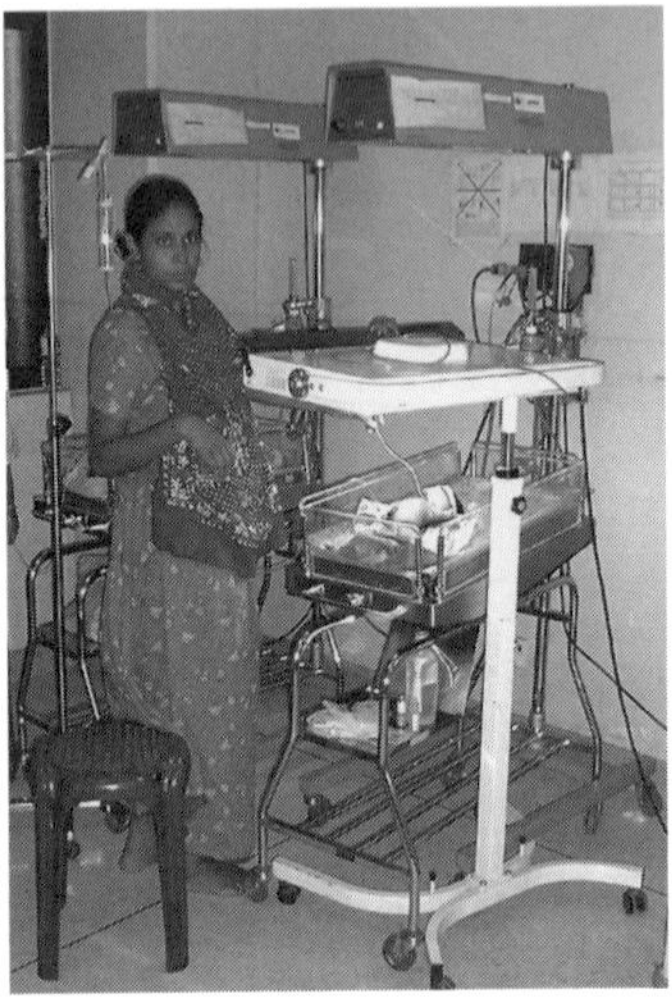

（撮影：山形辰史、2004年）

無償資金協力として、日本からバングラデシュの病院に供与された保育器です。また写真1・2は、日本からベトナムへの借款を用いて建設された橋です。

国益を明記した日本の新しい「開発協力大綱」

２０１５年２月、日本の国際協力は大きな転機を迎えました。それまで日本政府が行う国際協力の大方針とされてきた政府開発援助（ＯＤＡ）大綱に代わり、開発協力大綱が、内閣の閣議決定として制定されました。日本政府が示している新大綱のポイントは以下の四つです（外

写真1.2　ベトナムの首都ハノイ市内と空港を結ぶニャッタン橋

（撮影：山形辰史、2015年）

務省国際協力局 2015）：①開発協力理念の明確化（非軍事的協力による国際平和への貢献）、②新しい時代の開発協力（質の高い成長を通じた貧困削減、環境課題などの脆弱性を抱える中・高所得への支援、など）、③触媒としての開発協力（日本政府以外の主体、例えば民間企業、地方自治体、NGO／市民社会との連携）、④多様な主体の開発への参画（女性の参加促進、社会的弱者等の開発への参画）。

一方、新しい開発協力大綱には、それまでのODA大綱にはなかった特徴があることも注目されました。それはODA大綱にはなかった「国益」という語が、本文中に以下のように取り入れられたことです。

「こうした変化の中で、平和で安定し、繁栄した国際社会の構築は、我が国の国益とますます分かちがたく結びつくようになってきており、我が国が、国際協調主義に基づく積極的平和主義の立場から、開発途上国を含む国際社会と協力して、世界が抱える課題の解決に取り組んでいくことは我が国の国益の確保にとって不可欠となっている。」（傍点は筆者〔山形〕による）

「こうした協力を通じて、我が国の平和と安全の維持、更なる繁栄の実現、安定性及び透明性が高く見通しがつきやすい国際環境の実現、普遍的価値に基づく国際秩序の維持・擁護といった国益の確保に貢献する。」（傍点は筆者〔山形〕による）

２００３年に閣議決定されたＯＤＡ大綱において、ＯＤＡの目的は以下のように示されていました。

「我が国ＯＤＡの目的は、国際社会の平和と発展に貢献し、これを通じて我が国の安全と繁栄の確保に資することである。」

この一文の中の「これを通じて我が国の安全と繁栄の確保に資することである」という個

所は「これを通じて我が国の国益に資する」と書き換えても、それほど異なる意味とは思えないでしょう。ですからこれらの表現だけ見れば、「ＯＤＡ大綱におけるＯＤＡの目的と、開発協力大綱における開発協力の目的とは大きな違いがないのではないか」と思えても無理のないことだと思います。事実、この表現の類似性から、「開発協力の目的という点について、ＯＤＡ大綱と開発協力大綱に大きな違いはない」と説明する人もいます。

しかし実際には、「国益」という語が、開発協力大綱に明示的に記載されたことは、文章の意味合い以上に、象徴的な意味を持ちました。それは「開発協力大綱制定後のＯＤＡは、それまでよりも、国益に大きなウェイトを置く」というメッセージでした。

国際開発は国益とどう向き合うべきか？

２０１５年2月に開発協力大綱が制定されてから4年以上が経過しました。この間、筆者（山形）はアジアや中東、アフリカ、中南米において日本の国際協力の現場を視察したり、担当者と親しく話す機会を得ました。また筆者は２０１８年まで、国際協力を担う専門家を養成する日本貿易振興機構（ＪＥＴＲＯ）アジア経済研究所開発スクールの事務局長・教授を務めていたことから、国際協力機構（ＪＩＣＡ：日本政府の国際協力を担う中核的な公的機関）や日本の在外公館（大使館等）、民間のコンサルティング会社などに勤務して国際協力を開発途上国の現場で担当している若手や中堅の方々と深い親交があります。そういった開発専門家の中の複数の方々から、開発協力大綱が制定されて以降、日本のＯＤＡを実施する姿勢が大きく変わってしまった、という評価を耳にしました。彼らは、「日本の政府開発援助に用いる資機材に日本製品を使うべきだ」であるとか、「援助プロジェクトの受注者としては、できるだけ日本企業や日系合弁企業を採用すべきだ」といった配慮がより強く要請されるようになった、という認識を持っていました。一般にどの援助供与国も、自国製品や自国企業を援助プロジェクトに用いてほしいと願うものです。それは自国製品や自国企業の採用が、いく分でもその国のイメージアップにつながったり、自国経済の活性化に役立つと考えてのことです。しかしすべての援助供与国が自国製品や自国企業の採用にこだわるのであれば、援助受入国にとって最も望ましい製品・企業選択を妨げてしまいます。そこで援助供与国が援助物資を自国製品に限定することや、プロジェクトを担当する企業を自国企業に限定することを「**援助のヒモ付き**（tied aid）」と呼び、互いにその傾向を小さくするよう厳に戒めてきたという歴史があります（西垣・下村 １９９７）。しかし日本は開発協力大綱に「国益」を明記しましたし、冒頭に述べたように、世界全体で一国中心主義が高まりを見せています。これによって、ヒモ付き援助を戒める方針は、現在世界的に退潮していると言えます。

そんな中で、多くの国際協力関係者がフィールドレベルで戸惑っていることを感じています。彼らの多くは、国際協力とは一義的には開発途上国の人々のために行われるものであり、それを続けていくことで、日本と当該国の関係が深まることを長期的な日本の利益として捉え、国際協力に専心してきたからです。近年、日本企業や日本製品優先の機運の高まりを受け、現場の援助担当者たちは、援助受入国の担当者が援助に用いたい資機材が日本製でない場合、どの程度強く日本製品を勧めるべきか、また、援助プロジェクトへの日本企業の受注を奨めたいという意志を、どの程度あらわにしてもいいものか、といった実務的な疑問に直面するようになりました。そもそも自分たちが担っている国際協力とは、誰のために何をすべきものなのか、このような国際協力の現場での問いに対して、誰かが答えることが必要だと思いました。

そこで、私（山形）が会長を務める国際開発学会が、本書の共著者である紀谷、および朝日新聞コンテンツ戦略ディレクターの藤谷健さんを報告者として、「国際開発は国益とどう向き合うべきか？」と題するセッションを開催しました（2018年11月24日に筑波大学で行われた第29回国際開発学会全国大会において）。このセッションには、長年、JICAやNGO、学界、民間など様々な立場から国際協力に携わってきた専門家を含む約70名の方々が参加し、それぞれの所属を離れて個人の立場から、現在の日本の「国益重視」の潮流に対して、どう臨むべきかを話し合いました。[*1] 日本の国際協力を長年背負ってきた人々も、国益を国際協力の文脈でどう扱うべきか、という課題について、それぞれの解釈や憂慮、逡巡を持っていることが見て取れました。このテーマは、課題として多くの方々と共有し、特に国際協力関係者間で議論を深めていくべき重要性を持っていると思いました。それが、我々二人が、この本を執筆しようと思った動機です。

1－2　開発援助に何を託すのか

援助は誰のためになされるべきか?

2010年代から2020年代に移ろうとしている今、国際協力はどういう方針で、どういう方向性をもってなされるべきなのでしょうか。そのことを考えるためには、そもそも国際協力が誰のためになされるべきなのかを、大所高所から眺めてみたいと思います。

まず「誰のために」という言葉の中の「ために」という語には複数の意味があることに着目したいと思います。

「ために」に相当する語句は、英語で少なくとも二つあります。一つはfor the sake ofと訳されるもので、「act for the sake of ○○」と言うと、「○○さんの利益となるように行動すること」を意味します。つまり○○さんが受益者となるように行動を起こす、という意味になります。一方、on behalf of という語句も「ために」と訳されます。「act on behalf of ○○」と言うと、「○○さんに成り代わって行動すること」を意味します。○○さんの委託を受け、言わば○○さんの代理人として行動を起こす、ということをこの語句は意味していま す。

一つの行動を、誰かの代理として、そして別の誰かの利益になるようになすことは不思議でも何でもありません。例えば、商品を生産する株式会社を例にとると、この会社はその所有者である株主に成り代わって（on behalf of）商品を生産しますが、それによって利益を受ける（for the sake of）のは、その商品の消費者です。株式会社は株主の委託を受けて、消費者が喜んで購入するような商品を開発し、生産するというわけです。

この例においては、株主が依頼人（プリンシパル：principal）で、その代理人（エージェン

＊1　このセッションの概要は『国際開発ジャーナル』の２０１９年2月号に掲載されています（紀谷　２０１９b、藤谷　２０１９、山形　２０１９）。

図1.2 「誰のため」の二重の意味

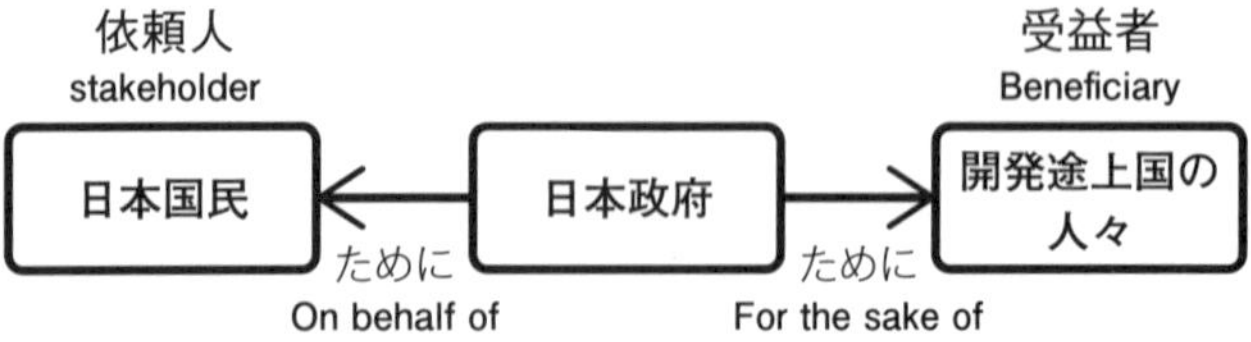

ト：agent）が会社です。そこでこの委託関係をプリンシパル＝エージェント関係と呼ぶことがあります。プリンシパル＝エージェント関係は、株主＝会社のみならず、会社＝労働者、会社＝下請け会社、依頼人＝弁護士、地主＝土地賃借農家、フランチャイズ会社＝コンビニエンス・ストアのような多様性を持っています。これらの関係はいずれも「○○さんのために」の中でもon behalf ofの関係です。for the sake ofの向かう先の受益者は事例ごとに様々ですが、会社＝労働者、地主＝土地賃借農家、フランチャイズ会社＝コンビニエンス・ストアといった場合には、いずれも消費者であることが多いでしょう。依頼主であるプリンシパルは出資者であることが多いことから、資本（stake）の所有者と言う意味でステークホルダー（stakeholder）と呼ばれることもあります。同様に受益者はベネフィシアリー（beneficiary）とも呼ばれます。

では改めて、この用語法に日本の政府開発援助をあてはめてみるとどうなるでしょうか。日本の政府開発援助は、日本政府が、日本国民に成り代わって、開発途上国の人々を受益者として、行う事業である、と解釈できます。つまり**日本のODAは「on behalf of」の意味で日本国民のために行う事業なのですが、「for the sake of」の意味では、開発途上国の人々のためになされる事業でもあるのです**（図１・２）。

ではなぜ日本国民が、「開発途上国の人々を受益者とした」政府開発援助を行うことを支持するかと言えば、そのことが「日本国民の意に沿っているから」でしょう。もし政府開発援助が「日本国民の総意に沿う」やり方で行われるとしたら、それだけで「政府開発援助が国益に沿っている」ということになるでしょうか。本書で深めたいのはまさにこの点です。

国益とは何か？

本書の結論をここでまとめれば、日本の政府開発援助は、「on behalf of」の意味で、日本国民の意に沿ったものであるべきで、それは「日本の国益に沿ったものであるべき」ということと同義なのですが、**私たち日本人が「国益」として、政府開発援助を行う日本政府に対して託している内容には、かなりの広がりがある**、ということです。政府開発援助の実施を通して日本人の利益になることの中には、日本人が世界のリーダーとしてふさわしい行為をすることに対する誇りも入るかもしれませんし、そういう行為をすることに対して世界の他の国々から得られる高い評価も入れられるかもしれません。また、世界や日本の周辺地域の繁栄に日本の政府開発援助が資することが、より直接的に日本人の利益になるということも勘案されるかもしれません。さらには日本の政府開発援助として実施される案件が日本企業によって実施されたり、日本製の物資や機材が供与されたり、日本人が雇用されたりすれば、日本の政府開発援助の実施によって、日本の国民所得が上がることになります。それも「国益」の一部として考えられるかもしれません。このように、政府開発援助を「日本国民の意に沿った形で行う」やり方や方向性にはかなりの多様性や深みがあることがわかります。その多様性の中で、私たち日本人が政府開発援助に託す目的こそが「国益」と呼ばれるべきです。言い方を変えれば、**「何を国益と呼ぶべきか」という問いは、私たち日本国民一人ひとりに向けられています。**

ヒュームの4分類

イギリスの代表的な国際開発研究者であるデイビッド・ヒュームは、イギリス国民に向けて、先進国の人々が開発途上国に対して国際協力を行うべき理由を四つに分けて説明しています（表1・1）。

ヒュームが最初に挙げたのは**「道徳的義務」**であり、これは人道的動機に最も近いと言えます。貧困に苦しんでいる人が世界のどこかにいるとしたら、その人の立場に自分を置き換

表1.1　ヒュームによる援助の理由

1. 道徳的義務
   困っている人を助けるのが人の道だから
2. 道義的責任
   現在の開発途上国の貧困は、先進国が過去に行ったことの帰結だから
3. 共通利益
   開発途上国の繁栄は、先進国にとっても実質的な利益になるから
4. 自己利益
   政府開発援助が、供与国の政治的・商業的利益を直接的に条件づけている場合には、政府開発援助が供与国の自己利益になるから。

出典：Hulme（2016）（邦訳 16-26 ページ）

えて、協力するのは当然、とする考え方です。政治哲学者のジョン・ロールズは、社会の中で最も立場の弱い人に、いつでも自分が置き換えられてしまう可能性があることに着目し、「社会で最も立場の弱い人の厚生水準が最も高くなるような施策」がとられるべきことを主張しました（Rawls 1971）。これは最低（minimum）の立場の人の厚生水準を最大（maximum）にすることからマクシミン（max-min）原理と呼ばれています。人道的動機から国際協力を行おうとする人は、ロールズのマクシミン原理を宇宙船地球号全体に適用していると言えるかもしれません。[*2] 哲学者のトマス・ポッゲは、特に開発途上国の貧困層を対象として強く意識し、彼らの人権擁護のために国際協力を行うことは豊かな人々の義務であると説きます（Pogge 2002）。

また哲学者のピーター・シンガーは「効果的利他主義（effective altruism）」という概念を創り出し、現代人は「いちばんたくさんのいいこと」の一つとして世界の貧困削減に貢献すべきであると主張しています（Singer 2015）。

ヒュームが挙げる第二の「援助する理由」は、**「道義的責任」**と呼ばれています。この理由は、現在の開発途上国の貧困の責任の少なくとも一端は、現在の先進国にあるということに基づいています。現在の開発途上国の多くが、現在の先進国による植民地化を経験しました。その際、現在のいくつかの先進国は植民地宗主国として、自国の利益のために植民地を経営しました。植民地の人々を意図的に分割し、その分断された人々の対立を利用して植民地の人々をコントロールする（これを分割統治[*3]と呼びます）といったような植民地支配の悪影響は、現在まで続いています。この観点は、かつて「大東亜共栄圏」[*4]を目指した日本にとって無縁ではありません。

ヒュームの第三の理由は、**「共通利益」**と呼ばれています。これは、先進国の援助によって開発途上国が繁栄することが、回り回って支援を行った先進国のためになることを見越して、先進国が開発途上国に支援を行うということです。例えばイギリスは大英帝国と呼ばれるほどたくさんの植民地を世界各地に有していた時代があります。それら植民地の多くが現在までに独立しているのですが、イギリスはそれらの国々とイギリス連邦（Commonwealth of Nations）という国の連合体を形成しています。そしてイギリス連邦に属する旧植民地の国々とはとりわけ密接な関係を今も結んでいます。イギリスからの政府開発援助は英連邦諸国に重点的に割り当てられているわけですが、その背景には植民地経営を通じて培った密接な関係を、イギリスのために維持したいという思惑があると考えられます。同様にフランスも、旧植民地の国々に重点的に支援をしています。多くの西アフリカ、中部アフリカの国々においては現在でもフランス語が公用語です。これらの国々は母語が異なる複数の語族から形成されており、それらの人々にとっての共通語としてフランス語が便利だという背景があ

＊2　ロールズ本人は、マクシミン原理に象徴されている彼の公正基準を開発途上国の貧困層にまで拡張するのには慎重だったようです。神島（２０１８）をご参照ください。

＊3　英領インドにおけるヒンドゥー教徒とイスラム教徒の分割統治は、現在もコミュナル紛争として尾を引いています（松井　１９６０、内藤　１９９２）。また１９９４年に、50万人以上が犠牲になったとされるルワンダ大虐殺の遠因は、宗主国ベルギーによる意図的なフトゥとトゥチの分割であったことが知られています（武内　２００９）。

＊4　大東亜共栄圏構想とは、１９４１年から１９４５年まで続いた太平洋戦争の間、日本が主張していたアジア植民地化の論理を指します。日本は、自らを盟主とし、他の東アジア地域が「共に栄える」領域を作ることを正当化の論理として用いて、これらの地域に侵攻しました。

ります。イギリスやフランスにとって、政府開発援助を旧植民地国に重点的に配分し、それらの国々と親密な関係を維持することは、イギリスやフランスの国際社会における地位や交渉力を高めることに有用と考えられます（松井 1979）。

日本の近隣アジア諸国に対する援助にも同様の側面があります。東南アジア諸国連合（Association of South-East Asian Nations：ASEAN）を構成する東南アジアの国々や韓国、中国、台湾は20世紀後半、目覚ましい経済発展を遂げました。これら諸国・経済と日本は広くて深い分業関係を築き、互いに「分業の利益」を享受しつつ、それぞれの生産水準、生活水準を高めてきました。その過程で、日本の東アジアに対する政府開発援助は経済インフラ建設や人材育成、社会開発の分野で貢献をしてきました。このような貢献は、東アジア経済が発展した結果、東アジア全体の生産基盤や市場が拡大し、それにより「巡り巡って」日本が利益を得られるという迂遠な利益享受があったと考えられます（山澤 2001、渡辺 1985、渡辺・三浦 2003）。開発途上国の繁栄を支援することが、回り回って援助供与国のためになる、ということは、広範な人々に対して説得力を持つ「援助の理由」です。

ヒュームが挙げる最後の理由は**「自己利益」**と呼ばれ、三つめの理由をより短期的、直接的なスコープで成型しなおしたものです。政府開発援助には道路や橋、港といった経済インフラを建設する、食料や機材を緊急支援する、教育や訓練のために専門家を派遣したり、反対に開発途上国の人々を研修生や学生として日本に受け入れる、といったようなことが含まれます。その際、例えばインフラ建設の従事者として日本企業が選抜された場合、建設にかかる費用が、日本政府→援助受入国政府→当該日本企業のように支払われます。このことによって、その日本企業の売り上げは増えることになります。[*5] また日本製の物資が贈与される場合でも、その料金は日本政府→援助受入国政府→その物資の生産者のように支払われます。日本人の専門家が派遣される場合も、その専門家に給与が支払われるので、いずれの場合でも日本国民の所得が増加することになります。

いま一つの「援助による自己利益」は、外交に関わるものです。日本政府は「国連安全保障理事会の常任理事国になる」、「（２０１８年12月に日本は脱退を表明しましたが）国際捕鯨委員会において、捕鯨支持を広げる」といったような外交面での方針を持っていたと言われています。これらを達成するためには、開発途上国を含めた多くの国の支持が必要です。日本

＊５　その際、この一つの日本企業の売り上げの増加が、その企業のみの利益にとどまるのか、それとも、当該企業の受けるメリットが、より広く日本に波及するのかを見極めることの重要性を藤谷（２０１９）は指摘しています。

の政府開発援助の供与が、明示的かどうかはともかくとして、上記のような外交目標に対する見返りとして援助受入国に受け止められていたという解釈があります。このような国際場裏における援助供与国の何らかの立場に関する支援の見返りとして政府開発援助が供与されたとしたら、それは援助供与国の「自己利益」に動機付けられた理由といえるでしょう。

あなたは何を託しますか？

読者の皆さんが日本人だとしたら、日本政府の依頼人（プリンシパルやステークホルダーとも呼べるでしょう）として、皆さんの意志を日本の政府開発援助に託すことができます。それは投票や意見表明によってなされますが、ヒュームの4分類のうち、どの「理由」を重視するでしょうか。それは日本人一人ひとりの問題です。

その答えを考えるために意識せざるを得ないのが、自分はどの社会に属する何人なのか、ということでしょう。宇宙の中で孤高の、ただ一人の人間として、社会との関わりを小さく考える立場もあるでしょう。国を自分のアイデンティティ構成の重要な単位と見なす立場もあるでしょう。世界市民として、世界のためになにができるかを考える立場もあるでしょう。動物を含め、生きとし生けるものすべての中の一員としての位置付けを強調する立場もあります。[*6] 自分がどの社会の一員であることをアイデンティティとして強く意識するかによって、何を「自分たちの利益」と考えるかが異なってくるでしょう。その「あなたが考える自分たちの利益」を本書では（広い意味での）国益と考えましょう。日本の政府開発援助に何を託しますか。それをあなた自身が考えて回答していただきたいのです。

本書のこれ以降の章では、これまで世界の国際開発、国際協力、そして日本の国際協力がどのように行われてきたのか、そしてそれによって開発援助潮流や、日本の外交、国際協力の現状がどうなっているのか、さらには、それらに対して筆者らが何を考え、どう評価しているのかを示します。読者の皆さんには、それらを知ったうえで自分自身の「国益」（＝自分たちの利益）に思いを致し、構想していただきたいと思います。そして本書の終わりに、改めてその問いを皆さんに投げかけることにします。

＊6　シンガーは、食肉として供される動物の痛みにも配慮すべきだと主張しています（Singer 2015）。ただし、植物についてまで配慮すべきだとは主張していないようです。ポッゲは「地球外の知生体」にまで言及しています（Pogge 2002 邦訳157ページ）。ハーバード白熱教室で有名なマイケル・サンデルは、共同体主義（communitarianism）を主唱し、人間が幼少期に倫理観を形成するコミュニティに対し、強い帰属意識を持つのは当然であるとして、人が自分の生まれ育った共同体の外よりも共同体の中のことを優先することを正当としています（Sandel 2009 邦訳292～302ページ、神島 2018）。

2

日本と世界のための政府開発援助（ODA）

紀谷昌彦

2-1 「開発」の課題：「世界益」の推進

第1章では、援助する理由は道徳的義務から自己利益まで様々な理由が考えられること、そして日本の政府開発援助（ODA）は「日本国民の意に沿ったもの」という意味での「国益」に資する形で行われており、何が「国益」かという問いは日本国民一人ひとりに向けられていることを見てきました。あなた自身は、日本のODAに何を望みますか？

この問いに答えるために、まず、途上国の貧困・開発問題の解決に向けて国際社会がどのような取組を進めてきたのか、その中で日本がどのようにODAを行ってきたのかを振り返ってみたいと思います。私（紀谷）自身、様々な実務の前線で、この問題の担当者として取り組んできました。そこで実感したことは、日本のODAには、国際社会の一員として「開発・世界益」のために行っているという側面と、日本国民を代表して「外交・国益」のために行っているという側面の双方があり、これは「開発外交」として両者を包摂する高次の観点から取り組むべき仕事ではないか、ということです。

最後に、今の日本が厳しい経済・財政状況の中で、「世界益」と「国益」を最大限に達成すべく、両者が重なる分野で援助に取り組んでいる代表的な事例についても見ていきたいと思います。

なお、私が以下本書で述べる内容は、長年外務本省や大使館などで自ら経験し、また省内外の多くの方々から学んだことに基づいているものですが、意見に亘る部分は私個人の見解であり、所属する組織の立場を示すものではありません。ご理解いただければ幸いです。

途上国の開発問題の深刻さ

途上国の開発の問題は、今も世界が直面する最大の課題の一つです。日本で日々の生活を送っていると、日本から遠い世界各地にいる人たちが、食事に困り、学校にも病院にも行けず、身の安全に不安を感じながら、大変厳しい生活を送っていることにはなかなか気づきません。時々授業やニュースでそのような話を聞いたとしても、自分とは全く関係のない遠い世界の話と思うかもしれません。

世界の人たちの状況を様々なデータで分析してきたハンス・ロスリングは、日本でもベストセラーになっている著書『ファクトフルネス：10の思い込みを乗り越え、データを基に世界を正しく見る習慣』で、グローバルなリスクとして①感染症の世界的流行、②金融危機、③世界大戦、④地球温暖化、そして⑤極度の貧困の5つを挙げています（Rosling 2018）。これまで国際社会が努力を積み重ねてきたことで、途上国の貧困をはじめとする問題は、以前

写真2.1　南スーダンの地方都市アウィールの市場の様子

（撮影：在南スーダン日本国大使館、2017年5月30日）

写真2.2　南スーダンの地方都市ワウの文民保護区の様子

（撮影：在南スーダン日本国大使館、2017年8月24日）

と比べれば大きく改善しています。それでも、最低限の食事や教育、医療にも事欠くような人たちは、まだまだたくさんいるのです。

少しでも具体的な貧困のイメージを持ってもらうために、私が２０１５年から２０１７年まで大使を務めた、アフリカの南スーダンの状況を紹介したいと思います。ごく一握りの豊かな人たちはいるものの、治安の悪化のために約１２００万人の国民の3分の1はもともと住んでいた家を追われて避難民となり、首都のジュバですら、水や電気、保健や教育をはじめ、いかなるサービスも十分に機能できない状況が続いています。地方に行くと、州都の中心部にある市場でも、手に入る商品はごくわずかです（写真２・１）。また、治安が不安定なため文民保護区に逃れている国内避難民は、国際機関からの支援物資に頼り、長期にわたり不自由な生活を続けています（写真２・２）。このような課題に直面している国や、厳しい生活を余儀なくされている人たちは、世界各地にまだまだ多いのです。もしあなたがそこに住む人として生まれたとしたら、どう思いますか？　そこに住む人と目を合わせたら、あなたは何と言いますか？　今のあなたは、これまでどおりの生活をこれからも続けて、何も感じませんか？

個別の事例はこのくらいにして、世界の貧困と開発の状況がどのようになっているのかを、データで見てみたいと思います。専門家に最も使われている信頼性の高いデータとし

図2.1　1990年と2013年の地域別の貧困人口規模および比率

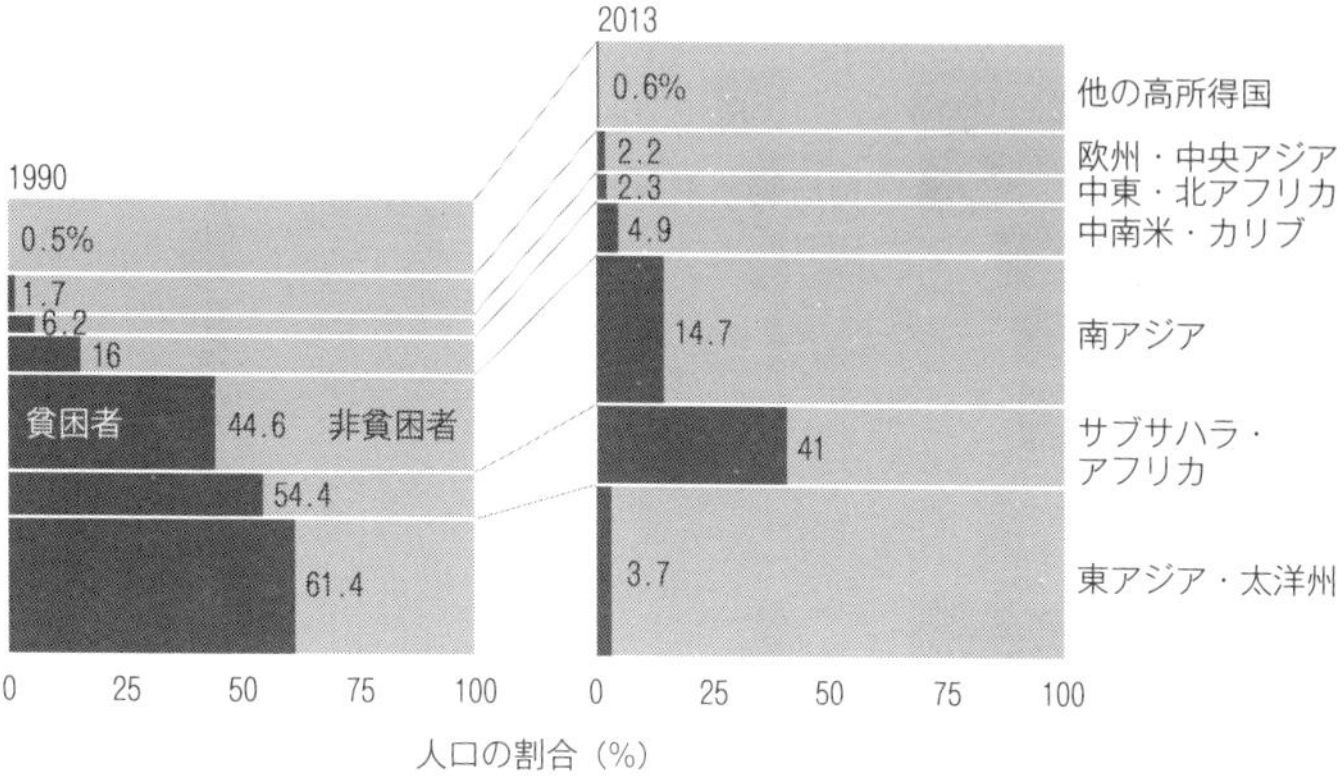

出典：持続可能な開発目標（SDGs）地図 2018年版

て、世界銀行の世界開発指標（World Development Indicators：WDI）があります。それをもとにわかりやすく図表化したものが、「持続可能な開発目標（SDGs）地図」[*1]です。最新の2018年版から代表的なものを見てみます。

まずは貧困の問題です。図2・1は、1990年と2013年の貧困者比率（横軸）と総人口（縦軸）を世界の地域別に表しています。縦軸の値と横軸の値をかけると貧困人口が得られるので、濃い色で表わされた面積が、1990年と2013年の地域別の貧困人口を示しています。この図によって、中国

＊1　http://datatopics.worldbank.org/sdgatlas/

図2.2　2016年の5歳未満の子どもの栄養不良の状況（％）

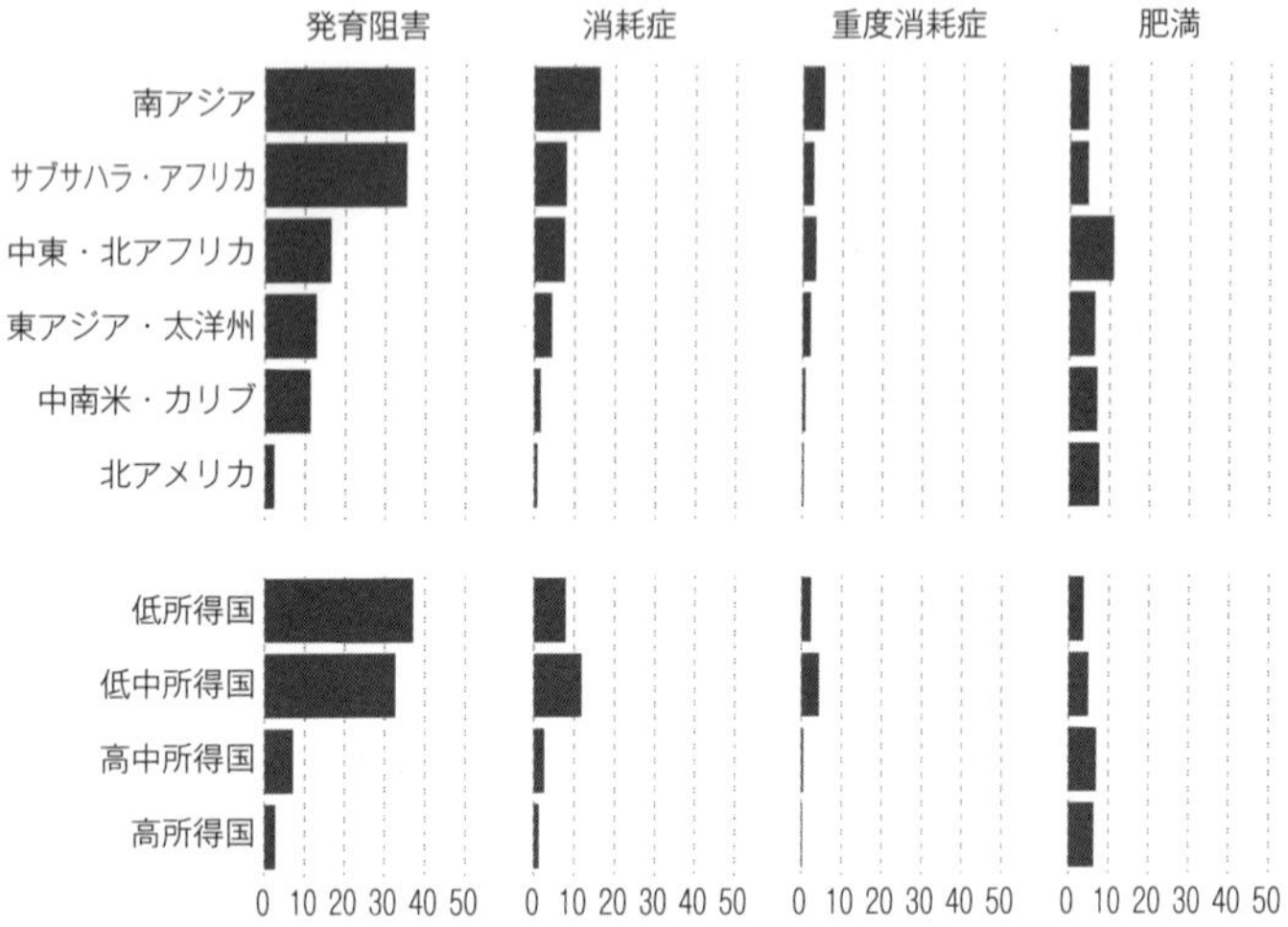

出典：持続可能な開発目標（SDGs）地図 2018年版

をはじめとする東アジア・大洋州、インドをはじめとする南アジアの貧困者比率は大幅に改善したものの、両地域ともにもともとの人口が多いので、まだかなりの人口が貧困線（1日当たり1.9米ドル。約210円）以下の生活水準にとどまっていることがわかります。それに対し、サハラ以南のアフリカでは未だに全体の41％が貧困線以下の生活を送っており、引き続き大きな問題です。

　子どもの栄養も大きな問題です。図2・2のとおり、南アジアとサブサハラ・アフリカ（サハラ以南のアフリカ）、低所得国と低中所得国の5歳未満の子どもたちは、3割から4割が栄養不足

図2.3　2000年から2005年までの途上国・中進国・先進国の年齢層別死亡比率

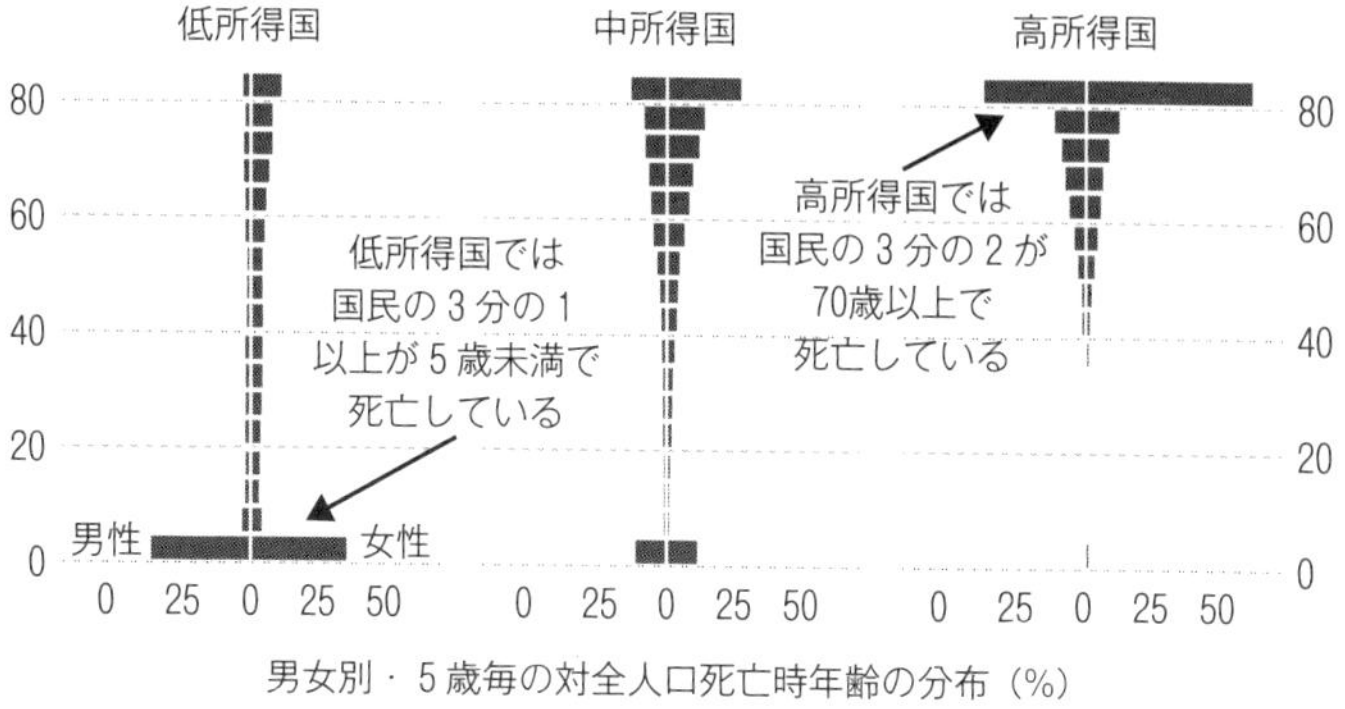

出典：持続可能な開発目標（SDGs）地図 2018年版

による発育阻害（stunting）となっており、約1割が消耗症／中度栄養不良（wasting, MAM）、数パーセントが重度消耗症／重度栄養不良（severe wasting, SAM）で治療が必要な状態にあります。栄養の補給や治療が間に合わず、5歳になるまでの栄養不良によってダメージを受けた子どもの体と脳への影響は一生涯続き、その後のその子の学業や勤労収入に影響を及ぼします。

保健状況については、図2・3のとおり、2010年から2015年の間の死亡年齢を調べると、低所得国では国民の3分の1以上が5歳未満で死亡しています。それに対し、日本を含む高所得国では、5歳未満の死亡は極めて小さく、国民の3分の2が70歳以上で死亡しています。低所得国では人口分布がピラミッド状にな

図2.4　サハラ以南のアフリカの小学校の施設整備状況と資格を持った教員の比率（2010年～2014年）

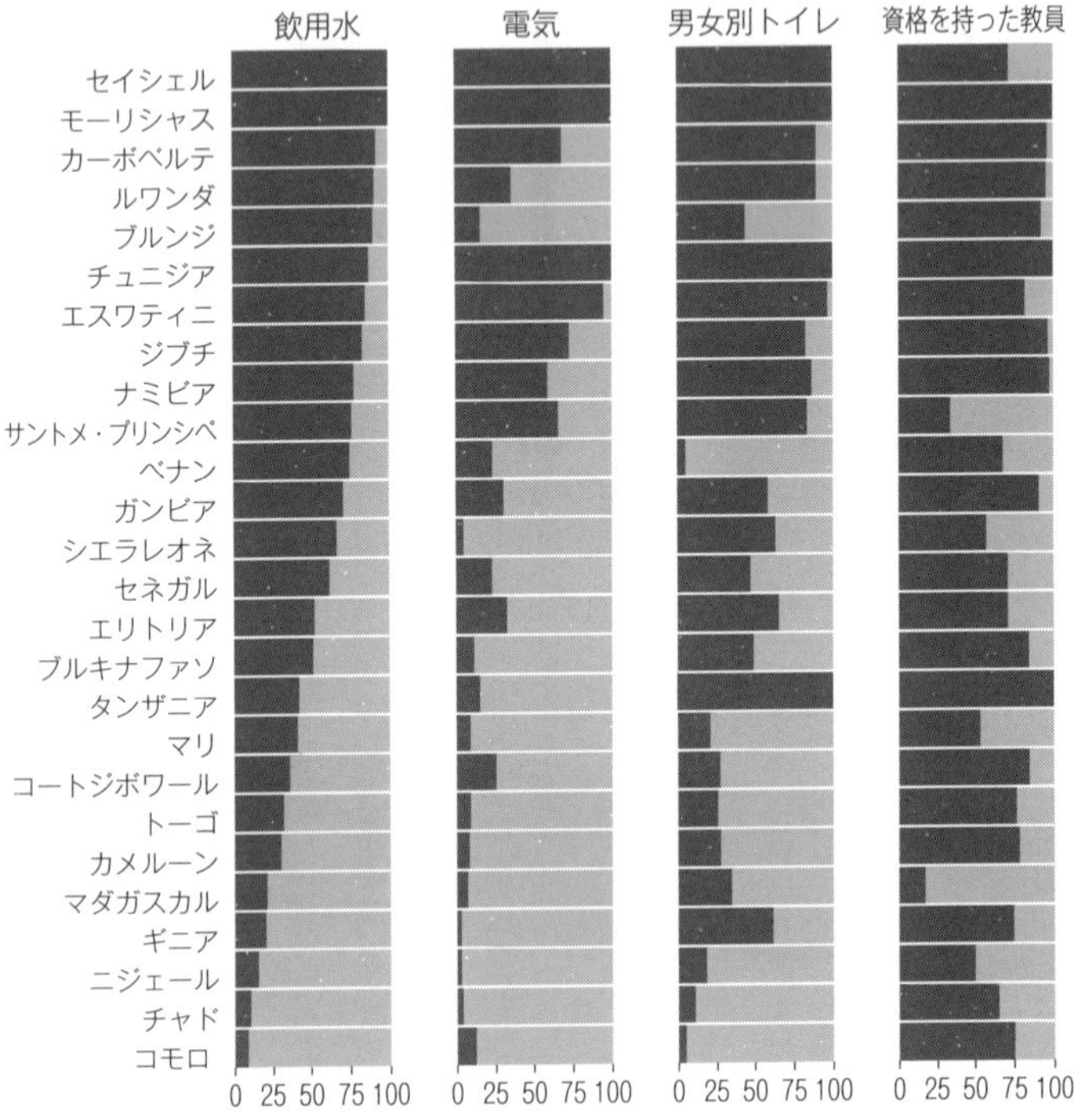

出典：持続可能な開発目標（SDGs）地図 2018年版

っていて5歳未満の人口が非常に多いので、低所得国の5歳未満の死亡率（under five mortality rate：乳幼児死亡率）が3分の1以上というわけではなく、2017年には6.9％程度です（高所得国は0.5％）。ただし、少し前はもっと高い数値でした。もし日本が低所得国と同じ状況

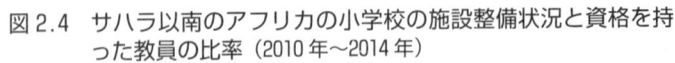

だったとすれば、学校のクラスにいる生徒のうち約1割は、既に死んでいる計算になります。あなたがそれに入っているとすれば、今頃は生きていないかもしれません…。

教育については、初等教育就学率は世界中で90％を超えるまでになりましたが、まだまだ多くの課題があります。例えば、図2・4のとおり、小学校に入れたといっても、学校には水も電気もトイレも、資格を持った先生も十分でなく、読み書きや計算をはじめとする基礎的な学力を身に付けることができないような学習環境の学校がまだまだたくさんあります。

途上国の貧困・開発の実情は、事例でもデータでも、調べればいくらでも学ぶことができます。「持続可能な開発目標（SDGs）地図」にはこれ以外にも多くの図表があります。また、この章の冒頭で引用した『ファクトフルネス』という本や、その著者が運営するギャップマインダー財団のウェブサイト[*2]には、開発関連のデータの歴史的変化や、途上国と先進国の生活の写真による比較など、世界の開発について実感できる様々な情報が掲載されています[*3]。ぜひ皆さんも、本やインターネットで調べ、あるいは途上国に行った人の話を聞いて、自分たちの生活と比べて理解を深めていただければ、日々開発問題に取り組んでいる実

*2　https://www.gapminder.org/

務者としてうれしく思います。

国際社会による途上国の開発問題への取組

このような世界の貧富の格差を目の当たりにして、国際社会は長い間、途上国の開発問題に取り組んできました。少し歴史をさかのぼって、何をしてきたのか振り返ってみましょう[*4]。

第二次世界大戦後から1960年代にかけて、アジアやアフリカの諸国が次々と独立しました。1955年にはインドネシアでバンドン会議（第1回アジア・アフリカ会議）が開催され、反植民地主義、民族自決主義のもとで、西側陣営、東側陣営いずれにも属さない第三の立場をとる動きが生じました。これは、1961年にユーゴスラビアのベオグラードでの第1回非同盟諸国首脳会議の開催につながっていきます。

このような流れを背景に、1950年代末になって、**「南北問題」**という視点が提示され、脚光を浴びるようになりました。これは、欧米をはじめとする自由主義圏とソビエト連邦（ソ連）・中国をはじめとする共産主義圏の対立を意味する「東西問題」に加えて、多数が北半球にある豊かな国と多数が南半球にある貧しい国の間の格差を意味する「南北問題」が世界の重要な課題である、という見方のことです。

その直後の１９６０年代は、**国際機関の体制整備**の時期となりました。戦後の理想主義・人道主義に加え、東側（共産主義圏）と西側（自由主義圏）が、冷戦の中でそれぞれに開発途上国の支持を得ようという思惑もあって、開発援助が活発に行われました。１９６１年の国連総会では、ジョン・Ｆ・ケネディ米大統領の提案を受けて、１９６０年代を「国連開発の十年」とする決議が採択されました。その3年後の１９６４年には第1回国連貿易開発会議（ＵＮＣＴＡＤ）総会が開催され、アジア・アフリカ・ラテンアメリカの開発途上国77カ国によるG77という政治ブロックが形成されて、その後、大きな勢力となっていきます。

途上国への開発援助のあり方について議論する枠組としては、１９６０年に欧州経済協力機構（ＯＥＥＣ）に開発援助グループ（ＤＡＧ）が設置され、翌１９６１年にＯＥＥＣの経

＊３　その他、理論的な分析は、Ravallion（2016）が最近の包括的な解説書で、和訳も出版されているのでご参照ください。

＊４　この項は、谷口（２００１）、下村他（２０１３）第３・４章を参照しました。特に谷口（２００１）は、外務省とＯＥＣＤでの自らの経験をもとに、当時の状況がわかる形で書かれています。なお、この項の内容については第3章でも詳説しており重複はありますが、紀谷と山形の説明振りや力点には違いがあり、双方を読み比べていただければ幸いです。

済協力開発機構（ＯＥＣＤ）への改組に伴いＤＡＧは開発援助委員会（ＤＡＣ）となりました。世界銀行も、１９６０年に国際開発協会（ＩＤＡ）を設立し、途上国に対するゆるやかな条件の貸付を開始しました。１９６９年10月の世界銀行年次総会には、レスター・ピアソン元カナダ首相を委員長とする国際開発委員会の報告書「開発のためのパートナー」が提出され、援助国が一人当たり国民所得の0.7％をＯＤＡとして供与すべきという目標の勧告は、翌１９７０年の国連総会決議に盛り込まれました。この「国民所得の0.7％をＯＤＡとして供与する」という目標は、現在も先進国の間で重要視されています。

しかし１９７０年代に入り、**南北対立は政治化・先鋭化**していきます。開発途上国と先進国の発展の格差の拡大により、開発途上国はフラストレーションを感じて世界経済の構造改革を求めます。実は世界において開発途上国の方が先進国より数が多いので、一国一票が原則の国連の場で、開発途上国が多数派として要求を押し切るケースも見られるようになりました。１９７４年の国連資源特別総会では、新国際経済秩序樹立に関する宣言が採択され、天然資源に関する恒久主権、主に開発途上国によって生産されている一次産品等の価格水準の維持、政治的・軍事的条件から自由な援助の拡大等の原則が確認されました。１９７９年には非同盟首脳会議で国連南北包括交渉（ＧＮ）が提案され、ＩＭＦ・世界銀行・ＧＡＴＴ（関税及び貿易に関する一般協定）の権限に挑戦する動きになりました。その一方で、先進国は開発途上国国内の所得格差を問題視し、開発途上国の保健・教育等の改善を志向するベーシック・ヒューマン・ニーズ（BHN）のアプローチを打ち出しました。

そして1980年代は、1970年代に生じた二度の石油危機と先進諸国の景気悪化で、多くの開発途上国のマクロ経済状況が急激に悪化して、政府支出増によって公的債務が累積したため、この**累積債務の克服**が途上国支援の中心テーマになりました。開発途上国側は先進国側の資金支援が必要となって交渉力を失い、世界銀行とIMFによる構造調整貸付を受けることになりました。構造調整貸付とは、規制緩和政策を中心とする包括的なマクロ経済政策（コンディショナリティと呼ばれました）の実施を条件として資金を貸し付けるというアプローチで、開発途上国の経済のみならず政治や社会にも多岐にわたる影響を与えることとなりました。

1990年代には、ソ連の崩壊等によって冷戦が終了し、地球環境問題、社会開発、人口、民主化・人権、難民など**地球全体に関わる様々な課題への対応**に焦点が当たり、分野ごとのイニシアティブ（対処方針）が次々と打ち出されるようになりました。この頃から、日本の開発問題への取組が世界の議論に影響を与えるようになってきます。日本経済の発展を背景に、日本のODAは1990年代に金額で世界第1位になりました。そして日本は、開発途上国の主体性（＝オーナーシップ）を国際社会が後押しする（＝パートナーシップ）というアプローチを、１９９３年のアフリカ開発会議（ＴＩＣＡＤ）で打ち出しました。さらに日本は、１９９６年にＯＥＣＤが策定した新開発戦略において、各分野で具体的な成果目標を立てるアプローチの導入を主導しました。これこそが、１９９９年に世界銀行が構造調整政策改善の一環として提示した「包括的な開発フレームワーク（ＣＤＦ）」、そして後述する「ミレニアム開発目標（ＭＤＧｓ）」の基礎を与えました。

　２０００年以降、国際社会の開発問題への取組は新たな段階を迎えます。２０００年９月の国連ミレニアム総会で「国連ミレニアム宣言」が採択され、世界共通の目標としてＭＤＧｓが合意されました。これと並行して、重債務貧困国（ＨＩＰＣｓ）の債務帳消しの対応として、世界銀行のＣＤＦに基づく「貧困削減戦略文書（ＰＲＳＰ）」の作成が重債務貧困国に義務付けられ、[5]**ＭＤＧｓ（国連主導）とＰＲＳＰ（世界銀行主導）を中核とする、開発パートナーシップ体制が強化**されました。また、ＯＥＣＤ／ＤＡＣの場では、援助協調を推進するための**調和化・援助効果向上**のための取組が、２００３年の「ローマ調和化宣言」を起点に進んでいきます。[6]これを基盤に、２０１５年には**「持続可能な開発目標（ＳＤＧｓ）」**が新たな世界共通の目標として合意され、今、その実現に向けて国際社会全体で取組を進めているところです。[7]

　以上の流れについては第３章で詳しく説明しますが、ここでお伝えしたいことは、途上国の貧困・開発問題という国際社会が直面する共通の課題の克服に向けて、数々の国や国際機関、そして幅広い分野の実務者や研究者が、長年に亘り試行錯誤を重ね、様々な制約を乗り越えながら着実に取組を進めて、大きな成果を上げてきた、ということです。そして、日本もその一員として参画してきました。*8

＊5　PRSPアプローチについては、紀谷（2002a）が2002年1月にワシントンDCのIMF本部で開催された貧困削減戦略国際会議に出席しての所感を報告しています。

＊6　調和化・援助効果向上については、紀谷（2003c）が2003年にローマで開催された調和化ハイレベル・フォーラムに出席しての所感を報告しています。また、第3章3-2の「先進国の対応：援助協調」の項もご参照ください。

＊7　開発援助潮流とその課題を知るうえでは、元田（2007）、白井（2005）が参考になります。また、開発途上国のガバナンスを巡る問題については、開発政治学のアプローチが有用であり、木村（2018）が最近までの研究動向をわかりやすく紹介しています。

＊8　その他、世界益、世界正義を巡る問題については、井上（2012）、大沼（2018）が、それぞれ法哲学、国際法学の観点から分析を行っていますのでご参照ください。

2－2　「外交」の課題：「国益」の推進

日本としてどう関わるかは「外交」の問題

以上述べてきた途上国の開発問題は、いわば世界の課題を解決する「世界益」をどう実現するかという問題です。しかし、それに対して日本がどのように関わるかは、日本の「外交」の問題ということになります。

「外交」とは、開発問題を含め、様々な分野での国際的な交流や協力・対立関係の中で、各国政府が自国の利益を確保しようとする活動です。*9「日本外交」とは、端的に言って、日本政府が日本の利益、すなわち「国益」を確保する活動のことです。

開発以外にも、世界には安全保障、軍縮・不拡散、経済、環境、保健、労働、通信、航空、海運、科学技術、文化、スポーツなど様々な専門分野が存在します。それぞれの専門分野で国内や世界の関係者がコミュニティを作り、共通のことばと枠組のもとで様々な交流を行っています。それぞれについて、外交的側面があります。

それでは、「外交」と「国益」について、どのような視点から考えれば良いのでしょうか。私自身外交実務に30年以上携わった経験から言うと、同じ外交実務者である兼原信克の『戦略外交原論』（兼原 2011）と小原雅博の『国益と外交：世界システムと日本の戦略』（小原 2007）が、現実を理解するうえで有用な枠組を提示していると考えています。以下、両書を中心に紹介します。

国益とは何か？

兼原信克によれば、「国益」とは、**国家・国民の①安全、②繁栄、③価値観**です。これは、「私なりに言えば、自分たちの倫理体系や意味空間を守り、その中できちんと食べていけること、物理的に脅かされないこと」です。そして、「自らの国益のわからない国に、外交はできない。外交の世界では、この国益の調整が主たる仕事になるからである。」「自国の国益がわからなければ、外交の世界に足を踏み入れることは難しい。それは、あたかも子供が大人の世界に首を突っ込むようなものである。」と述べています。

各国は、自国の国民や組織・企業などの存在を背景に、自らの安全と繁栄と価値の実現を追求し続けています。しかし、その際に自国のみの利益を優先すれば、利己的と受けとめら

＊9　外交の概念や歴史については、細谷（2007）がわかりやすく説明しています。

れかねません。外交交渉は、二国間（バイラテラル）の場合も、多国間（マルチラテラル）の場合も、自国のみならず相手国との中長期的な共存共栄の関係を確保することで、初めて自国の利益を確保できるということが多々あります。そこまで見据えたうえで、国益を実現する方途を考えなければなりません。兼原信克は以下のように述べています。「自分のことばかりを言いつのる人間が、信用も尊敬もされることがないように、自国の利益だけに拘泥する国が、他国の尊敬を集めることはない。そういう国は、結局は損をすることが多いものである。」

小原雅博も、国益が受ける制約として、①国際道義、すなわち人権・人道分野などでの国際社会で広く共有された道徳的諸価値との関係と、②国際益・世界益、すなわち国際社会全体・世界人類の利益との調整や政策協調という、二つの異なる挑戦に直面してきたとしています。

何が国益なのかを具体化することは困難な作業です。その理由は、幅広い国民が受ける利益は様々であり相対立することもあるため、共通の利益を構想することは難しく、さらにそれを国益と確定するために、時には感情的になる世論やメディアの理解と支持を得ることも容易ではないからです。そのうえで、自国の国益を他国の国益と調整するというさらに困難な作業も待っています。

「国際公共財」への「タダ乗り」という課題

開発問題に限らず、世界益のために、地球温暖化対策、平和構築、国際保健といった「国際公共財」を国際社会全体として供給することが必要な場合には、「自分が協力しなくたって、ほかの国さえやってくれれば自分はその結果を享受することができる」という「タダ乗り（free ride）」が可能であるという点が、国益との関係で共通の大きな課題になります。

元外務次官・国連大使の小和田恒は、「国際公共財の問題を考え、国際公益の問題を考えるときには、『タダ乗り』をどういうふうにしてなくしていくかということが一番重要な鍵になります。『タダ乗り』をなくすために一番有効なことは、それに一緒に協力することが自分にも利益をもたらすという状況をどうつくりだすかということだといえるでしょう。」と述べています（小和田・ヒギンス　２００８）。実務経験に裏付けられた重みのあることばです。

国際社会全体の中長期的な平和と安定のために、途上国の開発問題を解決することがいくら大事だとしても、他国が負担することで解決し、自国が「タダ乗り」しても問題がないのであれば、「タダ乗り」する方が自国にとっては国益にかなう、ということもあり得ます。この「タダ乗り」への誘因をどう克服するかについて、十分に考える必要があります。

2－3　「開発外交」の課題：「世界益」と「国益」の同時実現

「開かれた国益」の構想

以上述べたとおり、「開発」の観点からは外交は一側面であり、「外交」の観点からは開発は一分野であると言えるでしょう。**「開発」と「外交」は、いわば縦糸と横糸の関係にあります。**それでは、途上国の開発問題について、日本外交の立場からどのように取り組むべきなのでしょうか。これは、「開発外交」とも呼ぶべき問題であり、「経済外交」「軍縮・不拡散外交」「科学技術外交」「文化外交」などと同列に位置付けられると考えられます。

私自身、この「開発外交」の実務に長年携わってきました。その中で直面した最大の課題は、貧困撲滅といった道義的な「世界益」と、ともすれば利己的になりがちな「国益」を両立させる、「開かれた国益」を構想し、実現していくことです。

マネジメントの名著『ビジョナリー・カンパニー』（Collins and Pollas 1994）が述べているように、「ORの抑圧」（二者択一の強迫観念）をはねのけ「ANDの才能」（物事の双方を実現する創意工夫）を活かすこと、つまり両者のバランスをとるといった月並みな話ではなく両者の共存を徹底することが大事なのです。

例えば、私がワシントンＤＣの日本国大使館で開発問題を担当していた２０００年～２００３年当時、「日本の顔が見える援助」の実施と「世界のベストプラクティスの援助」への参画のどちらが望ましいのかといった、二者択一の、いわば理念的な論争が行われていました。今は、当時と比べて議論が進展、深化しています。抽象的な一般論ではなく、「世界益」と「国益」の重なる領域を拡張するための具体的な知恵と定式化こそが問われているのです。

国益の中身は国民が決める、その意味で国益は可変

その際に特に留意すべきは、日本の「国益の中身は国民が決める。その意味で可変である（議論を通じて変えられる）。」という点です。「国益」といっても、相手国の開発を通じた国際環境の整備、相手国との政治関係の改善、日本企業の進出や調達を通じた日本経済への貢献など、国民の誰に対してどのような利益が何時どのような確実さでもたらされるかは多種多様です。したがって、「国益」の内容が、どのようなプロセスを通じて、誰により具体的に解釈・確定されるのかが重要となります。「国益」は金科玉条のごとくあらかじめ定まっているのではなく、それが何であるかを、頭を柔らかくして考えることが大事です。

政府開発援助（Official Development Assistance：ＯＤＡ）やその他の公的資金（Other Official Flows：ＯＯＦ）の供与は、総額の規模の決定や基本方針の策定に始まり、個々の案件の

形成・採択、そして実施の細目に至るまで、中央から現場まで、様々なレベルやタイミングで意思決定が行われます。そのため、国民の意思を問う選挙、内閣と国会による政府予算の編成から末端の援助実務者の日々の業務、さらにその成果の分析・評価や広報に至るまで、全ての段階でそれぞれの主体に、何が「国益」、すなわち国民一人ひとりの利益・意向に沿っているものなのかを考え、判断し、行動する役割が期待されています。

この全ての段階でそれぞれの主体に、「開発・世界益」と「外交・国益」の双方を視野に入れて、双方が重なる共通領域を拡張していく創意工夫、つまり「ＡＮＤの才能」が求められます。

この本を読んでいるあなたが日本人であれば、開発問題に関心を持つ人間として「世界益」に思いを致しながら、日本人として「国益」を左右し得る立場にあります。選挙・メディア・世論を通じて、また開発援助に何らかの形で関わっているのであれば案件の形成・実施・評価・広報（中高校生や大学生自身による同世代への開発教育・啓発活動も含まれます！）を通じて、開発協力を巡る基本方針策定から事業の実施に至る中で、日本の開発協力が「国益」と「世界益」の双方を最大化するために、何らかの形で関与し、貢献することができます。私たち一人ひとりの創意工夫の積み重ねがあってこそ、「国益」に資する公的資金を、「開発」のために最大限活用できるのです。

ODAと国益に関する認識の変化

それでは、戦後の日本が開発援助を行う中で、どのように「国益」と「世界益」と両立させてきたかを振り返ってみましょう。[*10]

●体制整備期（1954〜1976年頃）

最初は、1954年に日本がコロンボ・プラン[*11]への加盟により技術協力を開始してから、援助実施機関の立ち上げや整理統合、援助の仕組みの多様化などを通じて、援助実施体制の整備を行ってきた約20年間の時期です。

アジア諸国に対する賠償とそれに並行しての経済協力は、それぞれ第二次世界大戦の戦後処理のための条約上の義務の履行であるとともに、各国の発展および社会福祉の増進の支援

＊10　以下は、外務省（2015）第Ⅰ部「ODA60周年：日本のODAの成果とこれからの方向性」の第1部第1節「ODAの軌跡」をベースに、大山（2019）、渡邉（2019）も参照しながらとりまとめたものです。

＊11　1951年に立ち上げられた、開発途上国の経済社会開発を支援するための枠組。

を目的としたものでした。それと同時に、調達される物資、役務の対象を日本製品や日本企業に限定することで、日本の産業にとってのアジア市場確保を後押しするとの効果もありました。１９５０年代から１９６０年代にかけての日本の賠償、円借款の供与は、日本にとっての輸出市場の拡大、重要原材料の輸入の確保という目的を持ち、その利益を日本経済が受けるという効果が期待されていたのです。[*12] 日本のこのような姿勢は、援助のタイド率（ヒモ付き援助比率：第1章を参照）が１９６０年代末までほぼ１００％であったことにも反映されていました。

ただし、１９７０年代に入ると、援助の目的としての輸出市場拡大の観点は徐々に影を潜めるようになりました。日本は１９６０年代に高度成長期を迎え、１９６０年代末にはＯＤＡと輸出振興を結びつける理由は薄くなっていました。１９６９年のＯＥＣＤ／ＤＡＣ対日年次審査において日本のタイド援助の撤廃が勧告されたことなどを受けて、１９７２年には閣議決定で円借款のアンタイド化（援助物資の調達元を援助国に限定しないこと）を決定し、１９８０年代末から90年代初めにかけて、ほぼ１００％の一般アンタイド化が実現しました。また、この時期には、冷戦構造のもとで日本が高度経済成長をする中で、軍事力でなく平和的な経済協力で自らの役割を果たしていく、という見方が広がりました。[*13]

●計画的拡充期（1977〜1991年頃）

次は、日本の経済発展が軌道に乗り主要先進国（G7）サミットの一員となった1970年代後半から、累次の中期目標によりODAの量的拡充が図られ、日本のODAがグローバルに展開するようになった約15年間の時期です。

1977年、日本はODAを5年間で倍増するための「5年間倍増計画」を発表しました。[*14] しかし、その後円高が進んだことから、計画の達成は容易になりました。そこで翌19

＊12　実際、1957年2月、岸信介内閣総理大臣代理・外務大臣（当時）は外交演説の中で、アジア諸国との関係のあり方として、①日本の国連及び国際社会における地位向上は隣邦関係の強化が基本である、②東南アジアに対する経済協力計画を発展させ、諸国の国づくりへの協力をもってアジア全域の福祉増進への貢献を意図する、③日本の経済発展と国民の繁栄を図る見地から、賠償、経済協力を含めて各国の繁栄に貢献しつつ、日本の発展を期すと述べています。

＊13　1970年10月の国連総会25周年記念会期の演説で、佐藤栄作内閣総理大臣は、古来世界の歴史の中で、巨大な経済力をもつ国はそれに見合った軍事力を保有するというのが普通の姿だが、日本は国力の大きな部分を軍事目的にさく意思は毛頭なく、開発途上国との平和的な経済協力をとくに重視する、1975年までに開発途上国に対する援助量を国民総生産の1%にするよう最大の努力を行なう、と述べています。

＊14　なお、この前年の1976年には賠償支払が終了し、戦後賠償の時代が終わりました。

78年7月に、5年間ではなく3年間での倍増を目指すとの第一次中期目標を策定し、福田赳夫内閣総理大臣（当時）がボン・サミットで表明しました。このような中期目標は、その後、5回にわたり策定され、ODAの着実な量的拡充の原動力となりました。

当時、日本企業の東南アジアへの進出は目覚しいものがありましたが、東南アジアの国々の対日貿易赤字の拡大と、これらの国々における日本企業の活発な経済活動が現地企業にとっての脅威と受け取られるようになったことを背景にして、反日感情、反日運動が激化していました。こうした対日不信への対応の一助として、アジア、特に東南アジア諸国連合（ASEAN）戦略としてのODA拡充の必要性が認識され始めました。

さらに、日本の貿易収支黒字の飛躍的増大に対し、その経済力に見合った援助の充実が国際社会から要求されるに至り、日本はより計画的なODA拡充を迫られました。これに関連して、当時世界経済にとって大きな課題であった途上国の累積債務問題等に対処するため、日本の貿易黒字によって積みあがった外貨をODAやそれ以外の資金協力の形で途上国へ環流させるべきだとの議論が高まりました。そこで日本政府は、1987年に、ODAを含む資金環流構想を表明しています。

これらの一連の措置により、日本のODAは1970年代末から1980年代を通じて大幅な拡大を実現しました。OECD／DAC加盟国の中でも1983年には西ドイツを抜いて3位、1986年にはフランスを抜いて2位、1989年には初めてアメリカを抜いて世界最大の援助供与国となりました！（その後1990年に2位、1991年から2000年まで1位。図2・5参照。）

この時期、国際社会の要請に応える形で日本のODAが増加したのですが、その一方で、なぜ途上国援助が必要かという点についての日本国民の理解は、必ずしも十分ではありませんでした。そこで、日本国民に理解を得られるようなODAの理念を体系的にまとめようという動きが新たに出てきました。

1980年、外務省の実務担当者によって組織された経済協力研究会が、「経済協力の理念：政府開発援助をなぜ行うのか」をとりまとめました。その中で、日本の経済協力の基本理念として、「人道的・道義的考慮」と「相互依存の認識」の2点を挙げています。さらに、日本としては、特に①平和国家であること、②今後も発展を継続する経済大国であること、③対外的な経済依存度が極めて高いこと、および④非西洋の近代国家として途上国から特別の期待を寄せられる立場にあること、という独自の立場から、途上国援助を積極的に推進する理由が、他の先進国以上に強いことを指摘しています。*15

*15　外務省経済協力局経済協力研究会編（1981）。なお、研究会当時に経済協力局政策課長であった松浦晃一郎は、経済協力局長当時の1990年に、さらに第5点として日本が世界で第一の債権国、黒字国になったということを加えるべきと思う旨述べています（松浦 1990）

図 2.5　日本の政府開発援助予算額と主要援助供与国における順位の推移

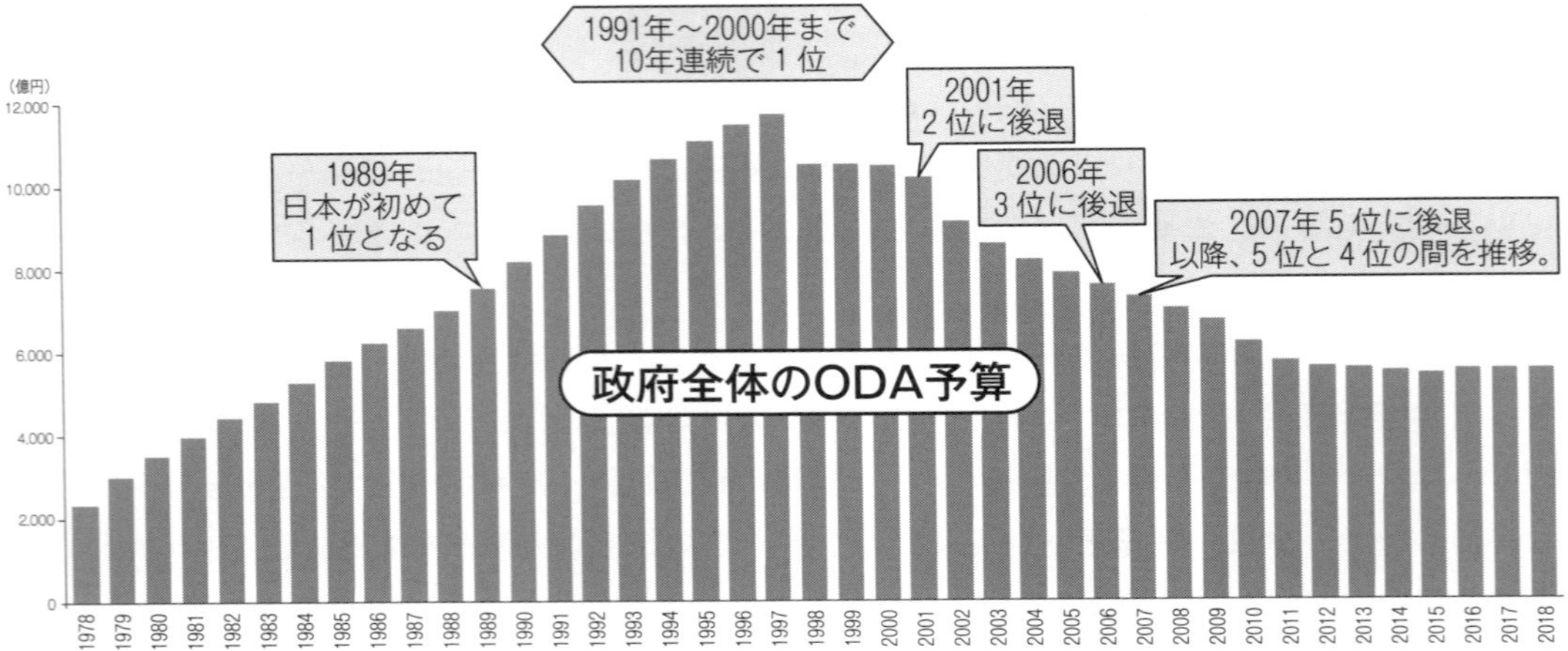

出典：外務省ホームページ（https://www.mofa.go.jp/mafaj/gaiko/oda/shiryo/yosan.html）「政府全体 ODA 予算（一般会計 ODA 当初予算）の推移」をもとに筆者作成。

注：図中に示した順位は OECD 開発援助委員会（DAC）統計（支出純額ベース）に基づいています。政府開発援助予算額は「年度（4月から翌年3月）」のもので、順位は「暦年（1月から12月まで）」のものです。日本は 1989 年に1位になった後、1990 年にアメリカに抜かれて2位になり、1991 年から 2000 年まで 10 年間1位でした。

また、同時期に大平正芳内閣総理大臣（当時）が立ち上げた政策研究会では、総合安全保障という観点から途上国への経済協力が取り上げられました。1980年に同研究会が提出した報告書（政策研究会・総合安全保障グループ 1980）において、日本は総合安全保障努力の一環として、途上国の発展と南北間の秩序形成に大きな役割を果たさなければならないと結論付けられました。また同報告書は、①日本は資源・エネルギーの対外依存度が極めて高いこと等から、他の先進国にも増して経済協力に積極的でなければならないこと、②経済協力は、日本が国際関係において持つ唯一の積極的手段であること、③わずか100年足らずで近代化を成し遂げたという日本の経験に学びたいという途上国の期待が高いことから、経済協力は日本の世界史的使命であることを明記しています。[*16]

＊16　同報告書は、「南北問題と経済協力」の項の末尾近くで以下のように述べて言います。「総合安全保障の一環として、特に日本が経済協力に積極的でなければならない理由は、このように数多い。また、日本はその近代化を、文化的にも人種的にも西欧とは全く異なった土壌の上に、わずか百年足らずで成し遂げた。このことは、開発途上国に対して大きな励ましとなっているとともに、開発途上国が特に日本の経験から学びたいという関心を寄せる根拠ともなっている。また日本には、種々の理由から、政治的な野心とは無縁の、安心して頼りにできる経済大国として、協力への期待が寄せられている。南北間の秩序形成の上に大きな役割を果たすことは、日本の世界史的使命であると言ってよい。」

●政策・理念充実期（1992～2002年頃）

その次は、「冷戦後」の新しい国際環境のもと、日本がバブル崩壊への対応を求められる中で、1992年のODA大綱や1999年のODA中期政策の策定などを通じて、日本の援助政策・理念をより明確にする努力を続けた時期です。

冷戦の終焉とグローバル化の進展により、国際社会の新たな課題として旧社会主義諸国の市場経済化や新興・再興感染症対策などが顕在化し、それらの課題に対応するための開発援助のあり方についても様々な問題提起がなされるようになりました。そのため、日本の援助政策についても内外に明確に示すことがますます求められるようになったのです。これを受けて、日本は1992年に、中長期的な援助政策を包括的にとりまとめた「政府開発援助（ODA）大綱」を初めて策定しました。ODA大綱は、日本の援助の基本理念として、①人道的考慮、②相互依存関係の認識、③環境の保全、④開発途上国の離陸に向けての自助努力の支援、の4点を掲げるとともに、ODAの実施に当たっては開発途上国の軍事支出や民主化、基本的人権の保障の状況等に十分に注意を払うとの指針を確認しました。

1989年に規模の面でトップドナーとなった日本のODAは、1990年代に入り、世界の様々な地域の取組において存在感を示すようになりました。[*17] 1991年の和平達成以降のカンボジアの復旧・復興や民主化に対する支援、1993年の「アフリカ開発会議

（Tokyo International Conference on African Development：ＴＩＣＡＤ）」の開催は、そのような日本のイニシアティブの代表例です。その後ＴＩＣＡＤは、５年ごと（のちに3年ごと）に首脳会議を開催するＴＩＣＡＤプロセスとして継続しています。また、１９９７年に韓国や東南アジア諸国の通貨が暴落したアジア通貨危機に際しては、日本は新宮澤構想と題する特別円借款等の支援を行い、国際社会によるアジア通貨危機対策を主導しました。

さらに日本は、環境、人口、感染症などの地球規模の課題への国際的な取組も主導しました。１９９５年の北京での第４回世界女性会議で表明した「開発途上国の女性支援（ＷＩＤ）イニシアティブ」や、１９９７年に京都で開催された気候変動枠組条約第３回締約国会議（ＣＯＰ３）の際に打ち出した温暖化対策分野での開発途上国支援策である「京都イニシアティブ」、２０００年のＧ８九州・沖縄サミットにおいて発表した5年間で総額３０億ドルを目途とする感染症対策支援を内容とする「沖縄感染症対策イニシアティブ」などは、その代表例です。

＊17　当時は、湾岸紛争の経験から一層の国際貢献が求められ、また欧米諸国が援助疲れしていたという背景もありました。

この時期に、NGOや大学、地方自治体など様々なパートナーと日本のODAの連携もさらに広がりました。2000年には、NGO、経済界および政府が連携協力して、より効率的かつ迅速な緊急人道支援を行うためのシステムとして「ジャパン・プラットフォーム」が設立されました。

日本は、開発分野における国際社会の目標設定の取組も主導しました。1996年にOECD／DACが策定した「新開発戦略」には、日本の主導によって、日本のODAがこれまで重視してきた開発途上国側の主体性を前提とした「オーナーシップ」と「パートナーシップ」の原則、制度構築や能力構築、包括的なアプローチの重要性などが盛り込まれました。また、この戦略の策定過程で、日本は貧困削減等に関わる数値目標の導入を提案し、これがその後のミレニアム開発目標（MDGs：第3章で詳述）につながることになりました。[*18]

しかし、1990年代後半に入り、バブル崩壊後の厳しさを増す日本の財政状況の中で、ODAの量的拡大の見直しは避けられないこととなり、一つの転機を迎えました。1997年の財政構造改革会議の報告を受けた閣議決定において、「財政が危機的な状況にあることにかんがみ、量から質への転換を図ることより、集中改革期間中においては、ODA予算は各年度その水準の引き下げを図る」とされ、「量的目標を伴う新たな（ODA）中期目標の策定は行わない」ことになりました。これを受けて1998年度一般会計ODA予算は対前年度10・4％減となり、それ以後ODA予算は、当初予算ベースで減少傾向に転じるようになりました。2001年には、日本は援助供与国第1位の地位をアメリカに明け渡します（図2・5参照）。

このような見直しを受けて、ODAのあり方についての議論が有識者レベルを含め幅広く行われるようになりました。「国益」を巡る議論が出てくるのも、また「開かれた国益」という概念が提示されるようになったのもこの頃です。

例えば、1998年1月にとりまとめられた「21世紀に向けてのODA改革懇談会」の提言では、「日本にとってODAは国際貢献のシンボルであり、2000年まで各年度のODA予算削減方針が決定されているが、削減は最小限にとどめられるべきである。（…略…）ODAの諸目的を実現することは、広い意味での国益の実現である。国際社会全体の利益のために行動することが、日本の長期的な開かれた国益につながる」として、①人道的支援、②地球的課題の克服、③好ましい安全保障環境の実現を目的として掲げています。これら3

＊18　当時の日本が世界の開発戦略を主導した経緯は、小和田（2003）にオーラルヒストリー（歴史研究の一環としての当事者の証言記録）として残されています。

つの分野は、時代の要請として、世界的な対策が急務とされていました。

また、2000年に小渕恵三内閣総理大臣（当時）に提出された「21世紀日本の構想」懇談会最終報告書は、新たな概念として「開かれた国益」を提唱しました（河合 2000）。この報告書は、国内で経済不況と財政上の困難からODA削減論が高まり、日本企業受注など「国益」に沿った運用にすべきとの業界の意見が強まっていることを指摘しつつ、ODA予算の削減ではなく、人道援助から経済建設まで幅広い援助手段を国際公共財として大切にし、これらを組み合わせて意味のある活動を効果的に行うべきことを主張しています。しかし、これらの議論はODA削減の流れを押しとどめるには至りませんでした。

1999年には、5年間程度にわたるODAの進め方を援助の質に焦点を当てて論じた政策文書として「政府開発援助に関する中期政策」（以下ODA中期政策）が策定されました。ODA中期政策には、1996年のDAC新開発戦略に盛られた考え方を踏まえ、様々な政策が盛り込まれましたが、厳しい財政事情等を考慮し量的目標の設定は行われませんでした。

●新たな開発課題への対応・ODA改革期（2003年～現在）

そして2003年から現在に続く新たな段階に入ります。この時期には21世紀の新たな状況と開発課題に対応するために、日本のODA・開発協力の理念・政策・実施を強化し、持続的にODA改革を推進しました。ODA改革は、以下に述べるように、2003年のODA大綱の改定と2015年の開発協力大綱の策定に結実しました。

2001年のアメリカ同時多発テロは、紛争・平和構築・テロ対策の重要性を示すとともに、環境、保健、防災などを含めてグローバルな課題を解決しなければ、世界の平和的な繁栄がない時代に入ったことを印象付けました。一方でこの時期には、より多くの民間資金が新たな投資先を求めて開発途上国に向かうようになり、中国、ブラジルといった新興援助国の果たす役割も大きなものになってきました。このように国際環境が大きく変化する中で、日本は国際的な場において、ODA額は緩やかに減少するものの、アメリカ、イギリス、ドイツ、フランスといった国とともに、引き続き主要ドナーの一員として、アジア太平洋地域や国際社会における開発に関わる様々な課題への対応を主導しました。

しかし、日本国内では、ODAに対する厳しい見方を背景に、ODA改革の推進が引き続き大きな課題となりました。2001年5月に発足した第2次ODA改革懇談会は、2002年3月に川口順子外務大臣（当時）に最終報告書を提出します。それを受けて6月にODA総合戦略会議が立ち上げられ、7月に「ODA改革・15の具体策」が発表されました。また2002年夏に策定された外務省改革「行動計画」の中でも、ODA改革が重要な柱の一つとなりました。そして２００３年、一連のＯＤＡ改革の中の集大成として、11年ぶりにＯＤＡ大綱が改定されました。その中で、「人間の安全保障」の視点が新たな記述として加わり、「貧困削減」「持続的成長」「地球的規模の問題への取組」「平和の構築」がＯＤＡの取り組むべき重点課題として掲げられました。

しかし、ＯＤＡ大綱の改定後もＯＤＡへの風当たりは強く、ＯＤＡ改革は続きます。２００６年２月には官邸の海外経済協力に関する検討会でＯＤＡ関連の機構改革が決定され、２００６年５月から約３年にわたり海外経済協力会議が開催されます。外務省では、２００５年から２００８年まで「点検と改善」の取組、２００７年から２００９年まではＯＤＡ総合戦略会議の後継としての国際協力に関する有識者会議が開催されました。民間からも、２００７年10月にはＧＲＩＰＳ開発フォーラムがとりまとめた「新しい日本のＯＤＡ」マニフェストが提言されました。一連の改革の中で、２００８年には円借款・技術協力・無償資金協力を横断的に担う新ＪＩＣＡが発足します。新ＪＩＣＡの理事長には、民間から元国連難民高等弁務官の緒方貞子が登用されました。２００８年には、第４回アフリカ開発会議（ＴＩＣＡＤⅣ）とＧ８北海道洞爺湖サミットが開催され、日本の国際貢献を続ける努力もなされました。

２００９年９月の民主党政権発足に伴い、ＯＤＡはさらに見直しが行われました。２０１

０年６月には岡田克也外務大臣（当時）のもとで、ＯＤＡのあり方に関する検討・最終とりまとめ「開かれた国益の増進：世界の人々とともに生き、平和と繁栄をつくる」が作成され、①貧困削減、②平和への投資、③持続的成長の後押しの三本柱が提示されました。民間でも、ＧＲＩＰＳ開発フォーラムは「ＯＤＡ改革：５つの提言」を２０１０年６月にとりまとめました。

しかし、２０１１年３月の東日本大震災を経て、２０１２年12月には自民党が政権に復帰し、その１年後の２０１３年12月には国家安全保障戦略が策定されました。その中で、ＯＤＡは国家安全保障戦略の手段として位置付けられることになります。ＯＤＡ大綱も、２０１４年のＯＤＡ60周年を機に見直し作業が始まります。新大綱は、２０１４年３月以降約１年をかけて、有識者懇談会での議論およびパブリックコメント、全国各地で実施した意見交換会や公聴会など様々な場を通じて、経済界、学界、ＮＧＯからの意見を踏まえてとりまとめられ、２０１５年２月に閣議決定されました。新大綱は「開発協力大綱」と改称して、「ＯＤＡ」から民間資金、企業や地方自治体，非政府組織（ＮＧＯ）を始めとする様々な主体との連携を含む概念である「開発協力」に焦点を移行させました。また、基本方針として「非軍事貢献」「人間の安全保障」「自助努力支援」、重点課題として「成長を通じた貧困削減」「普遍的価値の共有と平和・安定の実現」「地球規模課題への取組」を掲げました。このような中、日本政府のＯＤＡ予算は２０１６年度からようやく増額に転じました。

２０１８年にも、河野太郎外務大臣のイニシアティブで「ＯＤＡに関する有識者懇談会」が設置され、11月にＯＤＡの実施主体間の競争・連携の強化やＮＧＯの強化を内容とする提言が提出されるなど、ＯＤＡ改革は続いています。河野太郎外務大臣は、２０１９年６月に慶應義塾大学で「河野太郎、ＯＤＡを語る」と題する特別講義を行い、ＯＤＡを行う理由として「困っている人がいる」「恩返し」「情けは人のためならず」を挙げつつ、達成すべき結果にコミットし、知恵とイノベーションで効果の最大化を図っていくと述べています。

具体的な戦略と実施の必要性

以上見てきたように、ＯＤＡは、途上国の開発に資するという点に加え、当初は日本の輸出市場の拡大、次には先進国となった日本の国際責任・安全保障上の必要性という理由から、国民の理解と支持を得てきました。しかし、バブル崩壊後の厳しい財政事情のもとでＯＤＡは大きく削減され、国民の理解と支持を得るために、継続的な改革と議論が長らく続いて今に至ることがご理解いただけたことと思います。

ＯＤＡは２０１６年度から増額に反転しましたが、対国民所得比や国民一人当たりの額で見ると、多くの先進国が日本より大きな貢献をしています。今の日本の経済水準を踏まえれば、開発途上国にもっと援助を行うことについて、国民の理解と支持が得られてもおかしくないように思います。そのためには、ＯＤＡを巡るこれまでの議論を十分に活かし、日本の国際協力が、開発協力大綱が掲げている目的やその他の国益に資するよう、限られた資源をオールジャパンで、さらには他のパートナーと一緒になって戦略的に活用してインパクトを高めること、そしてそれを広く一人ひとりの国民に知ってもらい自らにとってもメリットがあると感じてもらうことが重要ではないかと感じています。

２０１５年の開発協力大綱には、「世界益」に資することが「国益」にも資するのだ、という信念が書き込まれています。しかし、大綱は短い文書であり、一般論から大きく踏み出すことはできません。ＯＤＡを活用する中で、「世界益」と「国益」の双方を同時に最大限達成できるように、個々の開発援助の事業をどのように実施していくのか、それをどのように国民に伝えて理解と支持を得ていくのか、という具体的な戦略と実施こそが、今必要とされているのです。以下、それを実施し定式化していくための方法について述べたいと思います。

2－4　「世界益」と「国益」を両立させる具体策

持続可能な開発目標（SDGs）と人間の安全保障

２０１５年、持続可能な開発目標（ＳＤＧｓ：第3章で詳述）が国連の場で採択されました。これは、まさに「世界の目標」「みんなの目標」であり、その実現は「世界益」です。日本として、このＳＤＧｓにどのように向き合い、その実現に貢献していけば、「世界益」と「国益」の双方を最大化できるのでしょうか。このためには、日本の国益にも沿う形でＳＤＧｓを活用することで、世界益にも最大限貢献できる、といった発想が、日本の力を引き出すうえで有益ではないかと思います。

まず、ＳＤＧｓは世界共通の目標ですから、それに貢献することは、国際社会にとっていわば「絶対善」とも見なされ、国際社会に対するアピールになります。また、ＳＤＧｓは世界の中で未だに解決されてない課題を明らかにしているものであり、ＳＤＧｓに関わる日本自身の問題をまず解決すれば、まさにそれは日本の国益です。さらに、日本の企業・大学・自治体などの知恵を動員して解決策を提供し、それを世界のＳＤＧｓ達成にも活用すれば、これまで気がつかなかったビジネスチャンスにもつながります。

日本は２０１６年５月、Ｇ７伊勢志摩サミットに先立って、内閣総理大臣を本部長とし、全閣僚を構成員とするSDGs推進本部を設置しました。そして同年12月にＳＤＧｓ実施指針を決定し、その優先課題として、①あらゆる人々の活躍の推進、②健康・長寿の達成、③成長市場の創出、地域活性化、科学技術イノベーション、④持続可能で強靱な国土と質の高いインフラの整備、⑤省・再生可能エネルギー、気候変動対策、循環型社会、⑥生物多様性、森林、海洋等の環境の保全、⑦平和と安全・安心社会の実現、⑧ＳＤＧｓ実施推進の体制と手段の８項目を掲げました（これらについても第3章で詳述します）。

その後も半年ごとにＳＤＧｓ推進本部会合を開催し、２０１８年12月に開催されたＳＤＧｓ推進本部第６回会合では、ＳＤＧｓアクションプラン２０１９を決定しました。そのポイントは以下のとおりです[*19]。

⑴日本は、豊かで活力のある「誰一人取り残さない」社会を実現するため、一人ひとりの保護と能力強化に焦点を当てた「人間の安全保障」の理念に基づき、世界の「国づく

＊19　https://www.kantei.go.jp/jp/singi/sdgs/dai6/siryou1.pdf

り」と「人づくり」に貢献していく。

⑵『ＳＤＧｓアクションプラン２０１９』には、①ＳＤＧｓと連動する「Ｓｏｃｉｅｔｙ5.0」の推進、②ＳＤＧｓを原動力とした地方創生、強靱かつ環境に優しい魅力的なまちづくり、③ＳＤＧｓの担い手として次世代・女性のエンパワーメントの三本柱を中核とする日本の「ＳＤＧｓモデル」に基づき、『ＳＤＧｓ実施指針』の８つの優先分野に総力を挙げて取り組むための２０１９年の政府の取組を盛り込んだ。

⑶２０１９年のＧ20サミット、ＴＩＣＡＤ７、初のＳＤＧｓ首脳級会合等に向けて、①国際社会の優先課題、②日本の経験・強み、③国内主要政策との連動を踏まえつつ、国内実施・国際協力の両面においてＳＤＧｓを推進する。

⑷日本のＳＤＧｓモデルを、東南アジア・アフリカを重点地域としつつ、国際社会に展開していく。

⑸国際的な指標等に基づいて、これまでの取組をレビューし、２０１９年後半に『ＳＤＧ

ｓ実施指針』を改訂する。

政府全体のＳＤＧｓの取組は、中央省庁や地方自治体、さらには企業向けの予算・補助金・交付金とも連動しています。このため、これまで世界の問題に直接の関係や関心がなかったような人たちも、ＳＤＧｓについて勉強するようになり、それを契機に国連や世界に目を向けて、ビジネスや交流の機会を見出すことにつながります。これは、地方や民間を含め日本全国にある様々なノウハウやリソースを、世界のために活用する道筋をつけることにもなります。

ＳＤＧｓ推進本部を中核とするこのようなイニシアティブは、まさに「世界益」と「国益」の双方を増進する戦略的な取組であると考えられます。

また、日本は１９９０年代末から、「人間の安全保障」を実現するための国際的な取組を推進してきました。「人間の安全保障」とは、人間一人ひとりに着目し、保護と能力強化を通じて、個人が持つ豊かな可能性を実現するものです。そして、そのために、包括的な対処と様々な活動主体間の連携を促すものです。人間の安全保障の概念については、長年の議論を経て、２０１２年の国連総会決議で、①人々が自由と尊厳の内に生存し、貧困と絶望から免れて生きる権利。すべての人々が、すべての権利を享受し、人間としての可能性を開花さ

写真 2.1　人間の安全保障 25 周年シンポジウム（2019 年 2 月 28 日）

（写真提供：国際連合日本政府代表部）

せる機会、恐怖からの自由と欠乏からの自由を享受する権利を有すること、②人間の安全保障は、すべての人々とコミュニティの保護と能力強化に資する、人間中心の、包括的で、文脈に応じた、予防的対応を求めるものであること、との共通理解が確認されました。日本は、2013年の国家安全保障戦略や2015年の開発協力大綱でも、人間の安全保障の推進を掲げています[*20]。

「誰一人取り残さない」というSDGsの理念は、まさに人間の安全保障の考え方とも符合するものです。SDGs実現に向けての取組は人間の安全保障と相乗効果があります。このような考えから、人間の安全保障という概念が1994年に国連開発計画（United Nations Development Programme：UNDP）の人間開発報告書で生み出されて25周年に当たる2019年の2月にニューヨークで「人間の安全保障25周年：成果を基盤にSDGsの達成に向けて」と題するシンポジウムを関係国・機関と共催しました（写真2・1）。今後、日本政府は、SDGs実現への取組の一環とも位置付けて、人間の安全保障の現場での実践をさらに強化していく考えです。

自由で開かれたインド太平洋

2016年8月にケニアのナイロビで開催された第6回アフリカ開発会議（TICADⅥ）で、安倍晋三内閣総理大臣は「自由で開かれたインド太平洋」という構想を発表しました。演説の当該部分は以下のとおりです。

＊20　人間の安全保障をめぐる最近の動向については、東（2017）をご参照ください。また、田瀬・長（2015）は、人間の安全保障が国連で完全に主流化してこなかったのではないかとの問題意識から、原因や対応策についての議論を行っています。

「アジアの海とインド洋を越え、ナイロビに来ると、アジアとアフリカをつなぐのは、海の道だとよくわかります。世界に安定、繁栄を与えるのは、自由で開かれた二つの大洋、二つの大陸の結合が生む、偉大な躍動にほかなりません。日本は、太平洋とインド洋、アジアとアフリカの交わりを、力や威圧と無縁で、自由と、法の支配、市場経済を重んじる場として育て、豊かにする責任を担っています。両大陸をつなぐ海を、平和な、ルールの支配する海とするため、アフリカの皆様と一緒に働きたい。それが日本の願いです。

大洋を渡る風は、私たちの目を未来に向けます。サプライ・チェーン[*21]はもう、アジアとアフリカに、あたかも巨大な橋を架け、産業の知恵を伝えつつある。アジアはいまや、他のどこより多く、民主主義人口を抱えています。アジアで根づいた民主主義、法の支配、市場経済のもとでの成長、それらの生んだ自信と責任意識が、優しい風とともにアフリカ全土を包むこと。それが私の願いです。アジアからアフリカに及ぶ一帯を、成長と繁栄の大動脈にしようではありませんか。アフリカと日本と、構想を共有し、共に進めていきましょう。」

今日、成長著しいアジアと潜在力あふれるアフリカという「二つの大陸」、そして太平洋とインド洋という「二つの大洋」の交わりによるダイナミズムこそが、国際社会の安定と繁栄の鍵を握ると考えられます。そこで日本は、インド太平洋地域における法の支配に基づく自由で開かれた海洋秩序を維持・強化し、この地域をいずれの国にも分け隔てなく安定と繁栄をもたらす「国際公共財」とするために「自由で開かれたインド太平洋」の構想を推進しています。具体的には、①法の支配、航行の自由、自由貿易等の普及・定着、②国際スタンダードに則った「質の高いインフラ」整備を通じた連結性強化等による経済的繁栄の追求、③海上法執行能力の向上支援、海賊対策、防災等の平和と安定の確保のための取組を３本柱として、具体化を進めています（写真２・２）。

これは、アジア・アフリカ地域と世界の安定と繁栄という「世界益」に貢献するのみならず、海洋航路に大きく依存する日本の安全保障にも、日本のインフラ輸出の促進にも、そして日本とアジア・アフリカ諸国との政治関係強化にも役立つという意味で、「国益」にも大いに資するものです。特に、アジア・アフリカ間の交流と協力を推進することは、両地域と深い関係を持つ日本の強みを生かしつつ、アジアでの日本の開発援助の成果と人脈をアフリ

＊21　英語では supply chain と表記し、生産供給ネットワークを意味します。ネットワークを鎖（chain）のつながりに例えているのです。

写真 2.2　ジブチ共和国での海賊護送訓練

（出典：海上保安庁ホームページ。https://www.kaiho.mlit.go.jp/info/kouhou/h31/k20190322/k190322-2.pdf）

力の開発の実現のために活用することで、非欧米先進国としての日本の世界史的使命、日本人の思いを実現することでもあります。

なお、中国も「一帯一路」という構想を発表し、アジアとヨーロッパ、そしてアフリカを交通インフラで連結することを謳っています。開放性、透明性、経済性、対象国の財政健全性といった国際スタンダードに合致する形で実施されることで、地域と世界の平和と繁栄に貢献していくことを日本としても期待しています。

質の高いインフラ

日本は長年にわたり、自国やアジア諸

国をはじめとして、インフラ整備を通じて経済成長に貢献してきました。しかし近年、日本企業のインフラ建設技術は高い技術に裏付けられた高価格帯の需要に応えることが多くなっていたため価格競争力で遅れをとり、他国の安かろう悪かろうのインフラ提案に受注競争で敗れる事例も出てきました。その結果、他国企業に発注されたインフラ整備が遅れたり、十分な質が確保されなかったりして、相手国の期待に応えられず、開発にも望ましい影響を与えないこともあります。

このような経験から、日本は「質の高いインフラ」の整備を推進し、その国際スタンダード化に取り組んでいます。２０１６年のG７伊勢志摩サミットでは、「質の高いインフラ投資の推進のためのG７伊勢志摩原則」を先進国の間で確認しました。その中で、「質の高いインフラ」の具体的な要素として、①ライフサイクルコストから見た経済性および安全性、②現地雇用および技術移転、③社会・環境面への配慮、④被援助国の財務健全性をはじめとする経済・開発戦略との整合性、⑤民間部門を含む効果的な資金動員の確保の５点が重要な要素としてまとめられました。これらに加え、インフラが、透明で公正な調達手続を通じて、誰でも利用できるように開かれた形で整備・運営されることも不可欠です。

さらに日本政府は、「第１回アジア国際経済フォーラム」（２０１７年４月、東京でOECD・ERIAと共催）、「質の高いインフラ投資の推進に関する国連総会サイドイベント」（２

写真 2.3　日本の支援によるデリーメトロ

（写真提供：久野真一/JICA）

０１７年９月および２０１８年９月、ニューヨークで国連・ＥＵと共催）、「質の高いインフラの推進に関するセミナー」（２０１８年４月、東京でＯＥＣＤと共催）といったようなイベントを通じて、「質の高いインフラ」を国際的に普及させる努力を行っています。

２０１９年に日本が議長国を務めるＧ20大阪サミットや、横浜で開催されるＴＩＣＡＤ７等あらゆる機会を積極的に活用し、関係国、国際機関と協働して、「質の高いインフラの国際スタンダード化」を主導することで、質の高いインフラ整備を通じたＳＤＧｓの推進という「世界益」に貢献するのみならず、日本によるインフラ展開を通じて、日本の「国益」にも資することが期待されています。

なお、インド太平洋地域をはじめ、世界には膨大なインフラ需要が存在することから、インフラの質の高さの確保に加え、インフラ整備のための資金量の確保も重要です。日本は、この資金ギャップを埋めるため、2015年5月に、アジア開発銀行（ADB）と「質の高いインフラパートナーシップ」を結び、5年間で約1100億ドルの「質の高いインフラ投資」をアジア地域で行うことや、有償資金協力の制度改善を通じて、アジア地域のインフラ需要に対して一層魅力あるファイナンスを提供するべく取り組んでいくことにしました。さらに2016年5月には、安倍晋三総理大臣が「質の高いインフラ輸出拡大イニシアティブ」を発表し、アジアのみならず、世界全体のインフラ需要に対し、官民合わせて約2000億ドルの資金等を供給することにしました。また、JICA等政府機関の体制強化も併せて進めることにしました。このように、日本は質の高いインフラの国際スタンダードの普及と並行して、資金供給も増やすことで、世界各地での質の高いインフラの整備を実現するための努力を進めています（写真2・3）。

人道と開発と平和の連携

以上のような大規模インフラとは対極にありますが、日本は紛争や災害の現場における人道・開発支援でも自らの強みを発揮しています。人道支援とは、紛争や災害の発生直後の緊急支援や、災害予防・救援・復旧・復興支援を指しますが、これと並行して長期的な視点のもとに自立を後押しするため、通常の国際開発を目的とした開発支援を行うことも、国際社会は推進しています。

欧米による支援の場合、往々にして、人道支援と開発支援の分断が発生します。これは、例えばアメリカやEU（欧州連合：European Union）の場合、人道支援と開発支援を行う財源・予算や担当機関・部局が異なるため、食料・医療・教育などの人道支援が、その後の自立を促す開発支援とうまく接合しないことが多いからです。これに対し、日本が支援する場合には、「いかなる支援も自立に向けて行われるべきもの」という確固たる哲学が共有されていることから、国際機関、JICA、NGOのいずれが支援を担うとしても、人道支援を開発支援に切れ目のない（シームレスな）形でつなげることが自然にできます。それに加えて、難民・国内避難民やホストコミュニティへの支援、帰還民の定着への支援が着実に進められれば、当事者間の対立の種を取り除き、平和の定着にもつながります。人道・開発・平和の連携は、いわば日本の十八番《おはこ》とも言えます[22]。

2000年代初めのアフガニスタン支援においては、元国連難民高等弁務官の緒方貞子総理特別代表が、2002年に緒方イニシアティブ（難民・国内避難民支援を軸とした地域総合開発支援）を打ち出しました。内戦が終結したことで、170万人という予想を遙かに越えた数の難民が帰還しつつある一方、民族の対立や干魃《かんばつ》の影響により100万人以上と言われる国内避難民が発生しました。こうした人々を新しい国造りの一員とするためには、彼らの帰還先での生活手段確保を支援することが必要となりました。そこで、特に、地方支援を拡充し、大量の難民・国内避難民を受け入れる環境を整備するために、①地域コミュニティの自立促進に結び付く総合的な開発支援を行うとともに、②人道支援から復興支援への継ぎ目なく速やかな移行の実現、つまり、困窮する人々の人道ニーズを満たす支援、難民・国内避難民の故郷への帰還の支援、そして彼らの帰還先での自活に向けた取組と彼らを受け入れる地域社会の能力拡大への支援を適切なタイミングで提供したのです。

また現在、南スーダン難民が多く流入している隣国ウガンダでは、日本は難民への食料提供などの人道支援に加え、難民の自立や受入れコミュニティを支援すべく、国際機関を通じて稲作研修や職業訓練を行い、ＪＩＣＡも連携して技術協力を実施しています（写真２・４）。これは、難民と難民キャンプ周辺地域の住民の共存を目指すとともに、将来、難民が

＊22　ただし、人道・開発・平和への支援が必ずしも両立しない場合があることも留意する必要があります。例えば、赤十字国際委員会（ＩＣＲＣ）の経験を踏まえての問題提起について、Slim（2017）をご参照ください。

写真 2.4　ウガンダにおける南スーダン難民への稲作普及（2017 年）

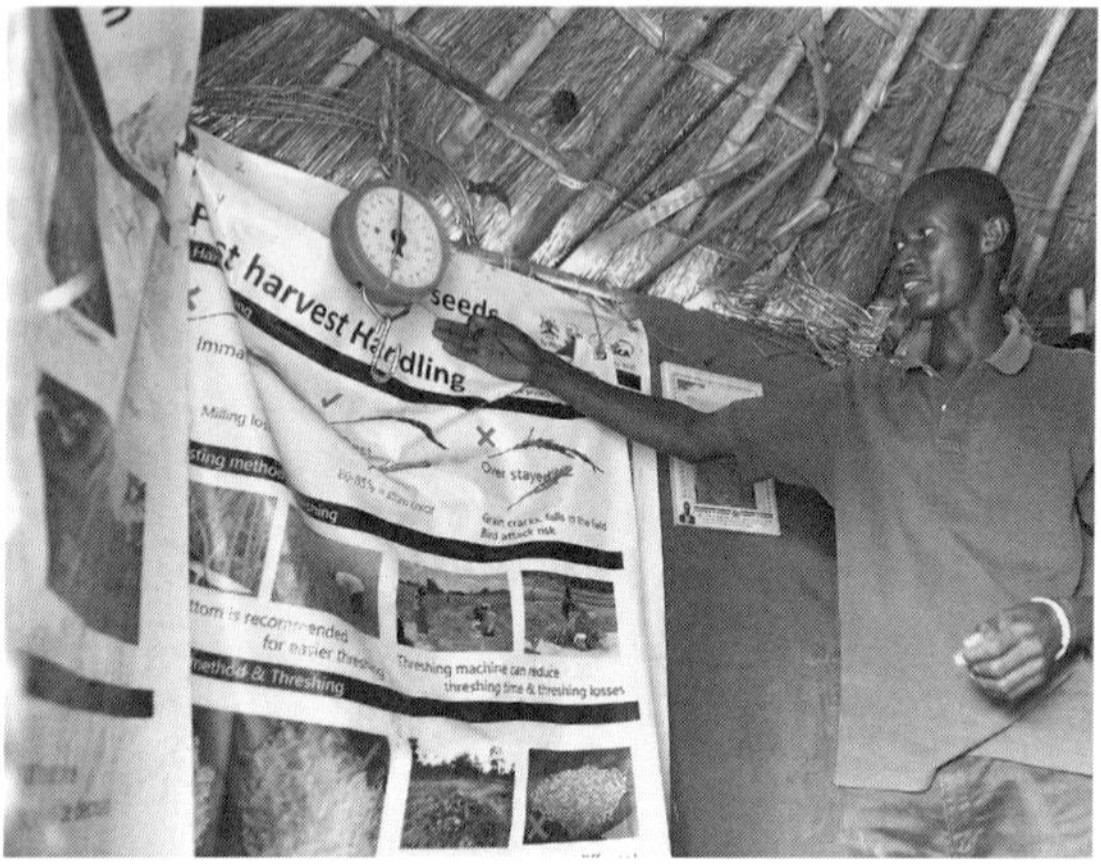

（写真提供：久野武志/JICA）

母国に帰還してスムーズに生活を立ち上げられることも視野に入れた取組であり、平和構築や紛争の再発予防にも役立つものです。

これらの支援は、日本が率先し、自らの強みを生かして貢献したものであり、現地の人たちの人道・開発・平和という「世界益」に資するのみならず、日本のアプローチが相手国をはじめ他の援助国や国際機関からも高く評価され、感謝されることを通じて、日本の「国益」にも大いに資するものです。

3

持続可能な開発目標（SDGs）の行方

山形辰史

２０１５年9月、国連総会において「持続可能な開発目標」（Sustainable Development Goals：ＳＤＧｓ）が採択されました。ＳＤＧｓは、それまでの15年間（２０００～２０１５年）に国際目標とされてきたミレニアム開発目標（Millennium Development Goals：ＭＤＧｓ）の後継となるものでした。本章では、ＳＤＧｓの意義、可能性と課題について、考えていきたいと思います。ＳＤＧｓは、世界の貧困削減と地球の持続可能性の向上の双方を達成するのに大きく寄与する可能性があります。またＳＤＧｓは、民間ビジネス部門に積極的な役割を与えることにより、前章で追求した「国益と世界益を両立させる」枠組となるように期待されています。しかしながらＳＤＧｓは、世界で高まる一国中心主義の中で、各国がより内向きになることを助長する性質を有していることから、そのグローバルなイメージとは対照的に、国益の達成はともかく、世界益の達成のためには推進力が弱いということを、課題として論じたいと思います。

3-1　ＳＤＧｓとは何か？

ＳＤＧｓは、国際連合（国連）で採択された17の国際目標です。[*1] 国連は世界１９３カ国で

表3.1　持続可能な開発目標（SDGs）

1．貧困をなくそう（貧困）
2．飢餓をゼロに（栄養）
3．すべての人に健康と福祉を（保健）
4．質の高い教育をみんなに（教育）
5．ジェンダー平等を推進しよう（ジェンダー）
6．安全な水とトイレを世界中に（水と衛生）
7．エネルギーをみんなに、そしてクリーンに（エネルギー）
8．働きがいも経済成長も（労働と経済成長）
9．産業と技術革新の基盤をつくろう（産業、技術革新とインフラストラクチュア）
10．人や国の不平等をなくそう（不平等）
11．住み続けられるまちづくりを（都市と住環境）
12．つくる責任つかう責任（持続可能な消費と生産）
13．気候変動に具体的な対策を（気候変動対策）
14．海の豊かさを守ろう（海の持続可能性）
15．陸の豊かさも守ろう（陸上の持続可能性）
16．平和と公正をすべての人に（平和や公正のための制度づくり）
17．パートナーシップで目標を達成しよう（SDGs達成のための努力義務）

注：原文は英語ですが、それを国連開発計画（UNDP）が上の表現のように和訳しています。（　）内は、それをさらに筆者（山形）が要約したものです。原典はUNGA（2015）です。

構成されており（2019年6月現在）、世界のほとんどすべての国が加盟しています。[*2] また国連総会においては加盟国それぞれが一票を持ち、議決を行います。このことから、国連総会で採択されたということは、「国際社会が総意として認めた」というのに近い意味合いを持ちます。

SDGsの17の目標は、地球全体として達成すべき目標です（表3・1を参照）。17の目標はいくつかにカテゴリー分けができます。まず1から6までの目標は「貧困削減」に関する目標であると位置付けられます。貧困という現象は、通常皆さんの身の回りにはない、特異な言葉のように感じられるかもしれません。目標2には「飢餓」という、より先進国の日常から離れた言葉が入っています。これに対して、保健、教育、ジェンダー、水と衛生は、皆さんの生活には身近な言葉でしょう。ちなみにジェンダーとは、社会によって生み出される性差（女性と男性の差）を意味します。実はこれらの課題、つまり貧困、飢餓、保健、教育、ジェンダー、水と衛生は、後に述べるように、ＳＤＧｓの前身であるＭＤＧｓの主要目標でした。そしてＭＤＧｓの対象が開発途上国だったので、これらの目標を「貧困削減」と総称していたのです。

＊1　より詳しいＳＤＧｓ解説として高柳・大橋編（２０１８）があります。
＊2　言い方を変えると、新たに独立を試みる国々も、国連に加盟すれば独立国としての認知を得られたと受け取られます。最も新しい加盟国は南スーダン（２０１１年加盟）です。南スーダンについては紀谷（２０１９a）をご参照ください。一方、旧ユーゴスラビアに位置するコソボ共和国は、２００８年に独立を宣言し、日本等は承認しましたが、承認していない国も多いので、国連加盟を果たしていません。

さて、目標7から10は、主として経済に関連した目標です。エネルギーや労働、産業や技術革新、そしてインフラストラクチャー[*3]（インフラとも呼ばれる）を活用して経済成長を達成することにより、目標1（貧困）や目標2（栄養）等の達成を容易にしようという意図が感じられます。言い方を換えれば、目標7～9は、目標1～6といった貧困削減の目標を達成するための基盤としての目標であると解釈することもできます。目標10は、経済成長の結果として不平等が悪化しないように、という思いが込められていると考えられます。目標5（ジェンダー）の直後に置いた方が据わりが良かったかもしれません。

目標11～15はSDGsの「持続可能性（sustainability）」の精神を体現しています。まず目標11は、都市などの住環境を整備することをうたいます。次に目標12は、地球が持続可能となるように、生産のあり方や消費のあり方を見直すことを求めています。目標13は、特に気候変動を取り上げて、この課題への対策を取ることを要請しています。目標14は、地球上で陸地の2倍以上の面積を占める海洋の環境保護を、目標15は人間が居住する陸地の環境保護を目指したものです。

目標16は、平和と公正についての目標です。平和と公正を求めることは一見、誰も異論をはさまない、当然の願いとして、SDGsに導入されて当たり前と思えるかもしれません。しかしこの目標は、諍《いさか》いの種を孕《はら》んだ目標です。というのは、平和や公正が目標になるということは、まだその目標を達成していない社会があり、それらの社会を、目標16の方向に変化させようと国際社会が試みることを意味するからです。世界にはシリアやリビアのように内戦が続いている国があります。アフガニスタンやソマリアのように、テロが頻繁に起こっている国があります。ナイジェリアの北部ではボコハラムという組織が活発に活動していて、生徒が数多く誘拐されています。南スーダンもまだ不安定です。中東のパレスチナ地域では、１９４８年のイスラエル建国によってパレスチナ難民が生じましたが、１９９３年のオスロ合意に基づくイスラエルとパレスチナ国家の共存が、大きく進展してはいません。中米のホンジュラスやエルサルバドルなどでは、ギャングなどの横行を嫌った数千人規模の人々が母国を離れ、アメリカ入国を目指して徒歩で北上しました。ミャンマー西部では、２０１６年に軍がロヒンギャと呼ばれるイスラム教徒を攻撃し、40万人もの人々が隣国バングラデシュに逃れました。２０１４年にはロシアがクリミア半島を併合しました。中国の新疆

＊3　インフラストラクチャーの原語はinfrastructureです。この語は「下の」を意味するinfraと「構造」を意味するstructureからなっており、社会を下から支える構造を意味しています。日本では「インフラ」という省略がなされるので、皆さんにはインフラの方が馴染みやすいかもしれません。

ウイグル自治区では、多くがイスラム教徒であるウイグル人が弾圧されていて、「100万人が思想教育のために収容所に入れられている」という報道があります。[*4] これらのいずれも、対立するグループの人々がいずれかの側を支持しているような問題です。国際社会の中でも意見のぶつかり合いがあるようなトピックこそが、「平和と公正」に関わっているのです。

この意味で目標16は非常に野心的な目標と言えます。SDGsが、世界の不公正や戦争から目を背けることなく、対処していく決意を表しているからです。この目標がSDGsの前身であるMDGsには無かっただけに、SDGsの懐の広さを感じさせる目標です。

最後が目標17です。この目標は、その他の16の目標とは全く性格を異にしています。というのは、目標17は、「目標1～16を達成させるための目標」だからです。目標17は主として先進国に向けられています。目標1～6に込められた貧困削減、目標7～10に込められた経済的成功、目標11～15に込められた環境面での持続可能性、そして目標16の平和と公正、を実現するために、世界193の国々（そのほとんどが開発途上国です）が自らの資源や経済力のみを動員するのではなく、国際社会がパートナーシップを発揮することへの誓いが、目標17の根幹にあります。ちなみにMDGsには目標が8つあり、最後の8つ目の目標が、SDGsの目標17と同じ役割を果たしていました。先進国は、SDGsの目標1～6（貧困削減）、目標7～9（不平等に関する目標10を除く、経済的成功）については、既にかなりの高い到達点にあります。であるならば、先進国がこの16の目標を達成するために、より大きな役割を果たして当然です。具体的には、政府開発援助、技術移転、市場開放といった点で、先進国が世界をリードすることが目標17の内容です。

3-2　SDGsまでの道のり：国際開発の理想と挫折

国際開発は、1945年の第二次世界大戦終結後に始まりました。戦後、多くの植民地が独立し、その独立が開発の契機となったからです。それから国際開発は、時代の流れに呼応した様々な開発戦略論に基づいて行われてきました。SDGsも、そのような時代の流れの末に位置付けられます。第2章の2-3節では第二次世界大戦後75年の歴史を、日本の国際

＊4　イギリスやアメリカ、日本の主要紙で報道されています。例えば、原島（2018）、*Economist*（2018）、Kaplan（2018）をご参照ください。

協力という観点を中心に振り返りましたが、以下では同じ75年を、開発途上国の開発戦略という観点から見直してみましょう。

国家主導の開発から市場メカニズムの活用へ：1940～1960年代

独立直後の開発途上国は、旧宗主国の手を離れて、自力で経済発展することに注力しました。このように自国民、国産品、国内資本の役割を重視する見方を**ナショナリズム**と呼びます。*5 また、ソビエト連邦という20世紀になってから建国した大国が共産主義という理想を掲げており、政府による計画的経済運営という手本を開発途上国に提示していました。そこで多くの開発途上国が経済開発5カ年計画を立てて政府主導の開発を行いました。同時に、外国製品の輸入を排除し、国産品で代替することで国内産業を振興しようという**輸入代替工業化**を試みました（高山　1985、西川　1976、Easterly 2001）。

このような政府主導の輸入代替工業化は、インドや中国といった人口の多い国では長持ちしましたが、香港や台湾、韓国、マレーシアといった、それほど人口の多くない経済では1950～60年代に行き詰まりを見せました。というのは、それらの経済の市場規模は人口と同様にそれほど大きくないことから、輸入品を代替して国産品を国内市場向けに売ることには限度があったからです。これら東アジア諸国・経済は、海外のより大きな市場（アメリカやヨーロッパ）に向けて売るのでなければ生産拡大が見込めない状況にありました。一方、これらの国々・経済の労働者の賃金や資源価格（マレーシアのゴムや錫など）は安く、それによる低生産コストを武器にして市場競争を勝ち抜き、輸出を行っていくことが可能となっていました。実際、香港や台湾、韓国、マレーシアは、低賃金によって生産コストを下げやすい労働集約製品（生産費に占める労賃の割合が高い繊維産業や電気・電子組立産業）や資源加工品（マレーシアのゴムや錫など）の輸出を牽引役にした**輸出指向工業化**を遂げました。輸出指向工業化は、豊富な労働力や資源といった経済に内在する市場競争力を素直に顕在化させた開発戦略として、「市場メカニズムを重視した」と解釈されたのです。これは政府主導の輸入代替工業化と好対照でした（渡辺 1985、1986、World Bank 1993）。

構造調整と市場経済化：1970〜1990年代

政府主導の経済開発は1970年代にさらなる困難に直面します。1973年に石油危機

＊5　古田（1996）は、孫文やマハトマ・ガンジー、ホー・チ・ミンのナショナリズムの思想と、その中国、インド、ベトナムの発展への意義について論じています。

が勃発し、世界経済は不況とインフレ（物価上昇）の二重苦となりました。それまでは不況とデフレ（物価下落）、好況とインフレという組み合わせが多かったので、不況・デフレ期には経済学者のジョン・メイナード・ケインズが提唱した政府支出増加、貨幣供給量増加によって、好況・インフレに転じるよう試みられました。しかし石油危機によって不況とインフレに襲われる（スタグフレーションと呼ばれました）と、政府主導の歳出増、貨幣供給増ではインフレに拍車をかけることになりました。さらには、歳出増も貨幣供給増も政府の債務を積み増すことになるので、政府の借金が増えていくことになりました。

この状況は、先進国にも開発途上国にも共通していました。所得の低い開発途上国の方が、より対応能力を欠いていた、と言うことができます。多くの開発途上国政府の債務が累積し、債務返済に窮する状態になりました。そこで1980年に世界銀行は、債務返済のための資金を貸すことにしました。一方、開発途上国の経済全体の構造を、公共部門中心から民間部門中心へとシフトさせるような改革を行わないと債務は減らないと考え、民間部門重視、市場競争重視、規制緩和、対外開放といった経済の構造調整を開発途上国が行うことを、この融資の条件にしました。そこでこの融資は**構造調整貸付**（Structural Adjustment Lending：SAL）と呼ばれました（石川 1994）。

公共部門の比重を低め、民間部門による市場競争を重視する方向性は、1991年のソビエト連邦崩壊に象徴される社会主義諸国の体制変更によってさらに強まりました。これら諸国はおしなべて、政治的には民主化へ、経済的には市場経済化へと転じました（World Bank 1996）。

１９９０年代は、１９９７年のアジア通貨危機はあったものの、中国やインド、そして東アジア諸国がそれぞれに構造調整を遂げ、発展の地歩を固めた時代でした。対照的にアフリカ諸国にとって１９９０年代は、１９９４年の南アフリカにおけるアパルトヘイト（人種隔離政策）の廃止とマンデラ政権の誕生[*6]といった明るい話題はあったものの、全体としては暗い時代でした。サブサハラ・アフリカ各地で紛争がありました（佐藤 １９９９、武内 ２０００）。１９９４年にはルワンダの大虐殺がありましたし、１９９０年代前半には、西アフリカで隣接するシエラレオネとリベリアで、少年兵を巻き込む凄惨な戦闘がありました（Kourouma 2000）。ソマリアでは１９８０年代終わりから内戦が激化し、国連の平和維持活動（Peacekeeping Operations：ＰＫＯ）が展開されましたが、それも失敗に終わりました。エリトリアとエチオピアの間では、１９９１年にはエリトリアの独立戦争が、１９９８年に

＊6　峯（１９９６）をご参照ください。

図 3.1　世界の貧困者比率の推移（単位：%）

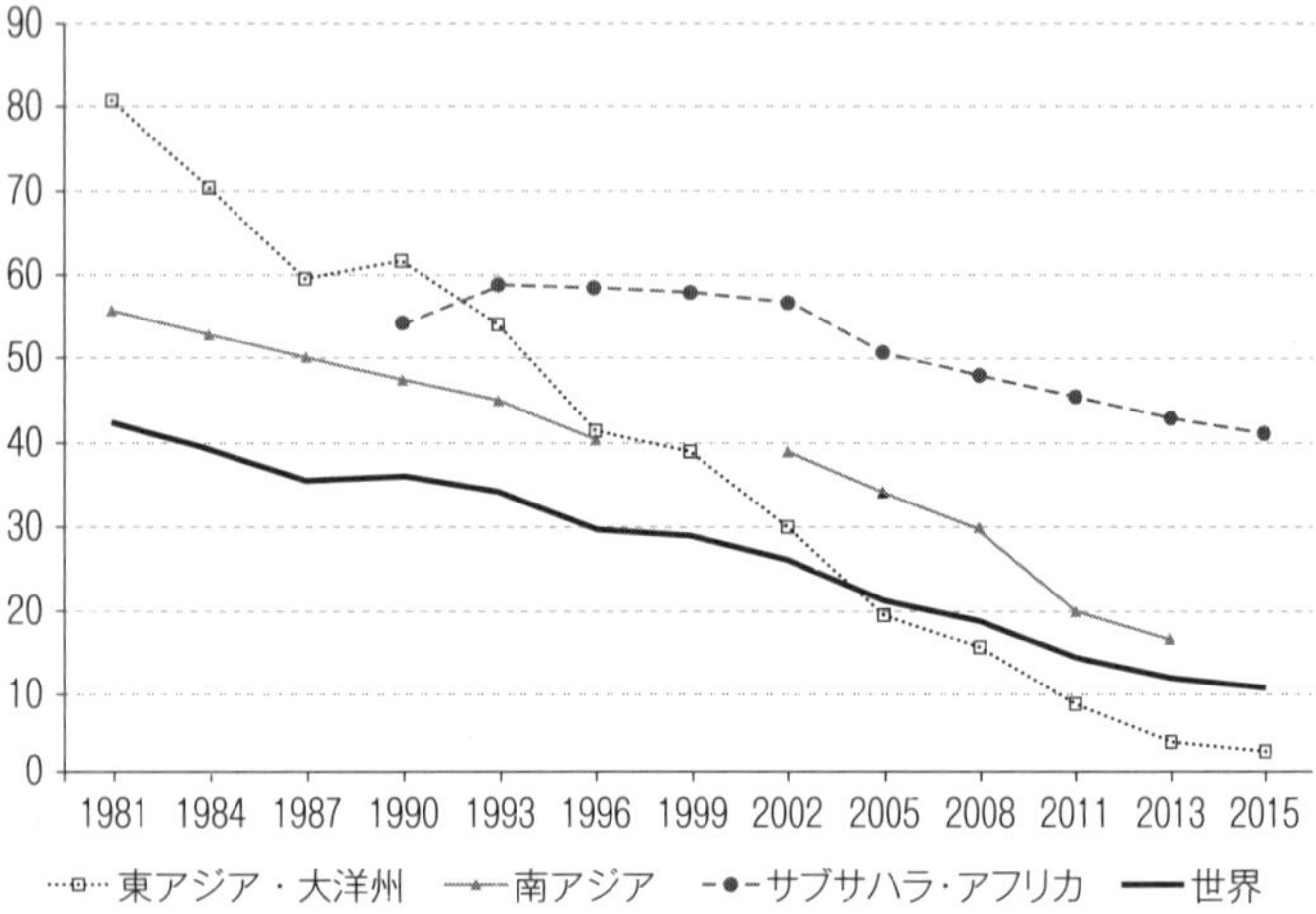

出典：世界銀行 World Development Indicators

注：貧困者比率は、一日に 1.9 ドル以下（2011 年購買力平価で評価）の生活をしている貧困者の数を双人口で割った比率です。上掲の地域別貧困者比率は世界銀行が 1981 年からだいたい 3 年おきに推計して公表しています。実は 2011 年、2012 年の値も発表されていますが、上の図では見やすさを考慮して省略しました。南アジアの 1999 年、2015 年の値は公表されていません。

は両国の間で国境紛争がありました。

そのうえに構造調整貸付に伴う経済引き締めがあったものですから、アフリカの経済発展は滞り、貧困削減も進みませんでした。図3・1に示したように、東アジア・大洋州や南アジアでは1990年代に、貧困者比率（総人口に占める貧困者の割合）が着実に低下し、それによって世界の貧困者比率も目に見えて低下したのですが、サブサハラ・アフリカだけは異なる動きを見せました。1990年には人口の54・3％が貧困層に属していたのですが、1993年にその比率は58・9％に上昇し、その後1990年代を通じて高止まりしました。財政引き締めによって社会福祉支出も切り詰められたことから、「構造調整政策は『人間の顔』をしていない」と批判されました（Cornia, Jolly, and Stewart eds. 1987、絵所 1997）。

このように1990年代は、国際開発に関する閉塞感や挫折感に満ちていました。構造調整を強く勧める世界銀行、それに同調する国際通貨基金（International Monetary Fund：IMF）、そして1995年に設立されて世界経済のグローバル競争を進める世界貿易機関（World Trade Organization：WTO）に非難の矛先が向けられました。世界銀行とIMFが合同で開催する年次総会には市民グループが抗議行動を行うようになりました。1999年11月～12月にアメリカのシアトルで開催されたWTOの閣僚会議に際しては、反グローバリズムを主張するデモ隊と警察が衝突し、1990年代の幕を引く象徴的な出来事になりました。

新千年紀への船出：ミレニアム開発目標（MDGs）[＊7]

20世紀が終わるころ、新たな千年紀（1000年間のことを指し、英語ではミレニアムと言います）は幸いに満ちたものであってほしいと願ったキリスト教会関係者や市民グループがジュビリー２０００（Jubilee 2000）という団体を立ち上げ、低所得国の債務の帳消しを求めました。なんでも旧約聖書の時代には、50年ごとの記念の年に、民衆の債務を棒引きにする習慣があったようなのです。[*8]

世界銀行でも新ミレニアムの始まりを、１９９０年代の閉塞感から巻き返す契機にしようという努力がなされました。当時の総裁であったジェームス・ウォルフェンソンが１９９９年、「包括的な開発フレームワーク（Comprehensive Development Framework：ＣＤＦ）」を世界銀行の運営方針として導入しました。これは世界銀行の事業を、成果重視の経営手法を用いて見直した運営方針で、世界銀行の事業の究極の成果として「開発途上国の貧困削減」を据えました。これは構造調整の成果指標として、経済成長率や債務返済比率、外貨準備高といったマクロ経済指標が用いられていたことと対照的でした。開発途上国の貧困層の生活水準が上がったかどうかを国際開発の努力の成果指標とするというのは、世界銀行が、開発途上国の貧困層の目線で事業を行うという意志表明であり、新ミレニアム（かつ新世紀）の始まりにふさわしい方針転換でした。

２０００年、新ミレニアムが実際に始まると、今度は国連が貧困削減を活動の中心目標にすることを宣言しました。９月の国連総会の期間にミレニアム・サミットが開催され、世界１８９カ国の首脳が一堂に会して、国連ミレニアム宣言を採択しました。この宣言の中核に

表3.2　ミレニアム開発目標

1．極度の貧困と飢餓の撲滅
2．普遍的な初等教育の達成
3．ジェンダー平等の推進と女性の地位向上
4．乳幼児死亡率の削減
5．妊産婦の健康の改善
6．HIV/エイズ、マラリア、その他の疾病のまん延防止
7．環境の持続可能性を確保
8．開発のためのグローバルなパートナーシップの推進

出典：国連開発計画（UNDP）のミレニアム開発目標ページより

貧困削減が目標として明記されており、それを達成するためのいくつかの数値指標も掲げられていました。それを具体化したものとしてミレニアム開発目標（ＭＤＧｓ）が作成されました（表３・２）。

ＭＤＧｓは８つの目標からなっており、それぞれ貧

＊７　この項目と同じ趣旨の論考として、山形（２０１８）があります。

＊８　実際、不良債権を持ち続けているというのは債権を持っている側にも費用がかかる（管理や督促のため）ことから、回収の見込みがかなり小さい債権については債権放棄することが民間の金融取引においてもなされます。重債務貧困国（Highly Indebted Poor Country：ＨＩＰＣ）にはこの考え方が適用され、ＨＩＰＣイニシアティブと呼ばれる債務救済が１９９５年から始まりました。黒崎・山形（２０１７）第12章をご参照ください。

困、教育、ジェンダー、保健（乳幼児保健、妊産婦保健、感染症）、環境に関するものです。末尾に置かれた目標8は、SDGsの末尾の目標17と同様に、援助を行う側に向けられています。MDGsの目標1～7は、表3・1に掲げたSDGsの目標1～6と類似していることがわかるでしょう。

MDGsは2015年を達成期限としていました。つまり、2000年から15年の間に、貧困、教育、ジェンダー、保健、環境面での大きな改善を求めていました。

さて、世界銀行のCDFに込められた「開発途上国の貧困削減を世界銀行の達成目標とする」という新しい方針は、国連のミレニアム開発目標と整合的でした。しかし、貧困削減という国連や世界銀行の新しい目標を達成する主体は開発途上国です。国連や世界銀行はそれを支援することはできても、開発途上国自体の努力が無ければ、それぞれの国の貧困削減は進展しません。そこで、それぞれの開発途上国の実状に応じて、貧困削減をどのように達成すべきかという戦略を描いた計画を開発途上国政府が作成し、その計画に沿って貧困削減を進めることが試みられました。この計画のことを**貧困削減戦略文書**（Poverty Reduction Strategy Paper：**PRSP**）と呼びます。

PRSPは、目標を貧困削減に定めた開発計画でした。戦後多くの国々が作成した開発5カ年計画の目標として一人当たり実質所得が用いられたのに対して、PRSPの目標は、ミレニアム開発目標の目標1～7そのものが反映されました。[*9] もちろん目標は同じでも、それらを達成するための社会・経済・政治・自然的条件が各国ごとに異なります。例えば、HIV／エイズ[*10]の感染は南部アフリカ、東アフリカでは広範でしたが、バングラデシュではそれほどの広がりを見せませんでした。反面バングラデシュは、洪水やサイクロンといった気候変動の影響を大きく受けていました。またジェンダー課題は、南アジアや中東において、東南アジアよりも根の深い問題性を示していました。また総体的に言えば、東アジアの人口密度はサブサハラ・アフリカより高いという違いがあるので、その違いによって生計向上戦略の主役を労働集約的な製造業品に定める（東アジア）か、土地集約的な農業に定めるか（サブサハラ・アフリカ）も異なります。[*11] このように、それぞれの国々がどのような戦略でもっ

＊9　ただし、カンボジアのようにＭＤＧｓの各目標に加えて、不発弾・地雷の処理のような固有の目標を加える国もありました（Cambodia 2006）。

＊10　エイズ（ＡＩＤＳ：acquired immunodeficiency syndrome）は後天性免疫不全症候群のことで、免疫不全のために、通常では重篤化しない感染症に感染して重篤化してしまう症候群です。ＨＩＶ（human immunodeficiency virus）はエイズを引き起こす病原体を指します。

てＭＤＧｓを達成するのかがＰＲＳＰに盛り込まれました。国際社会レベルにおいては国連や世界銀行がＭＤＧｓによって、そして各国レベルにおいては開発途上国政府がＰＲＳＰによって貧困削減の達成を試みました。

先進国の対応：援助協調

21世紀の最初の10年間、実は国際社会は開発途上国の貧困削減に専心していたわけではありません。というのは２００1年に、後に9・11として記憶されるアメリカ同時多発テロが起こったからです。飛行機がニューヨークの二つの貿易センタービルを倒壊させ、アメリカ国防省も攻撃されました。その後、人々の関心は安全保障に傾き、アフガニスタン攻撃（２００1年）、イラク攻撃（２００3年）へと向かっていきました。そして国際社会の関心が再び開発途上国の貧困削減に向けられるのは、２００4年末にスマトラ島沖地震・インド洋大津波が発生してからでした。死者・行方不明者が20万人、被災者５００万人という規模の惨事は人々の国際貢献への気持ちを呼び覚まし、世界的にはホワイトバンド・プロジェクト、日本では「ほっとけない世界のまずしさ」キャンペーンが展開されました。また２００５年はＭＤＧｓの達成期限の２０１5年までの三分の一の時点に当たっており、ＭＤＧｓ達成見込みの評価が大々的になされ、それを行った国連ミレニアムプロジェクトの代表のジェフェリー・サックスが先進国の援助の大幅増額を訴えました（Sachs 2005）。

この間、イギリスでは開発途上国の貧困削減に向けた大きな変化がありました。それは2002年にイギリスで国際開発法（International Development Act 2002）という法律が成立し、イギリスが行う国際開発は、世界の貧困削減のためになされる、と明言されたことです。ちなみにイギリスには「国際開発省」があり、国際開発大臣が任命されています。この後イギリスは、先進国の中でも、世界の貧困削減への取組のリード役となっていきます。

具体的にイギリスは、**経済協力開発機構**（Organisation for Economic Co-operation and Development：OECD）の場で、加盟国の貧困削減への取組を推し進めました。OECDは1961年に創立された、先進国の政策協調のための組織です。世界をリードする先進国は、互いに自国の発展のみを考えて経済政策を取ってしまう懸念がありました。例えば、不景気で失業に苦しむ国が、外国通貨に対して自国通貨を安めのレートに設定することができれば、外国人にとっての自国製品の価格が下がり、自国の輸出を増やして国内所得を上げるこ

＊11　このような土地、人口（労働者）の存在割合に沿った産業選択を行うことで経済開発や貧困削減を進める戦略をLin（2012）やWood（2003）が提唱しています。

とができます。これは自国の輸出増の分だけ、相手国の国内生産が減少し失業が増えるので、相手国の所得が減ってしまう結果になります。このように為替レート操作などによって、他国の犠牲のもとに自国の経済の景気回復を図ろうとする政策は近隣窮乏化政策と呼ばれます。ＯＥＣＤは、各国が近隣窮乏化政策のような互いを傷つける政策を取り合う状況を避け、世界経済を拡大均衡の方向に導くように先進国同士の政策協調を促すことを目的にしています。ＯＥＣＤは先進国の政策を互いに監視し、必要な改善を提言しています。東西冷戦時代には西側と呼ばれた自由主義陣営のすべての先進国がＯＥＣＤに加盟していたことから、ＯＥＣＤ加盟が「先進国としての世界からの認知」を意味していました。

さて、開発援助もＯＥＣＤの政策協調の主要なトピックの一つです。第2章でも説明があったように、開発援助を担当する委員会（Development Assistance Committee：ＤＡＣ）はＯＥＣＤ設立の前から組織されていたほど伝統のある委員会でもあります。イギリスは他のヨーロッパ諸国と共に、ＯＥＣＤ／ＤＡＣにおいて「援助効果向上に関するハイレベル・フォーラム」の開催を実現しました。第1回フォーラムは２００３年にローマで行い、[*12] ２００５年にパリで行われた第2回フォーラムでは、後にパリ宣言として知られるようになる決議を採択しました。パリ宣言の中でも注目されたのは、表3・3に示したような、開発援助の効果をより高めるための5原則でした。

表3.3　パリ宣言における「援助効果向上のための5原則」

1. オーナーシップ（Ownership）
援助受入国は、開発戦略の策定と実施についてリーダーシップを発揮し、援助供与国・機関等はそれを支援すること。
2. アラインメント（Alignment）
援助供与国・機関等による支援の実施方法を、援助受入国の開発戦略や制度・手続きに合致させること。
3. ハーモナイゼーション（Harmonization）
援助供与国・機関等は、互いの支援の重複を避けるためにそれぞれの事業を調整すると共に、手続きの簡素化、情報共有を図ること。
4. 成果主義の採用（Managing for Results）
援助受入国、援助供与国・機関等ともに、開発援助による成果が上がっているかどうかを監視し、実績を上げるよう取り組むこと。
5. 相互説明責任（Mutual Accountability）
援助受入国、援助供与国・機関等ともに開発成果に対する説明責任を果たすこと。

出典：OECD（2005）

1980～90年代、サブサハラ・アフリカ等の地域のいくつかの開発途上国において、経済成長や貧困削減が奏功しなかった一つの理由は、構造調整貸付（SAL）に伴って世界銀行から付けられた政策条件（conditionality）が開発途上国の経済運営を縛ってしまい、開発途上国が受け身の姿勢

＊12　「ハイレベル」とは、各国の大臣のような閣僚を意味します。したがってハイレベル・フォーラムには、各国の閣僚が集まります。

にならざるを得ず、イニシアティブを取れなかったからではないかと考えられました。さらには、援助供与国・機関等が増加し、それらがそれぞれに援助実施計画や監視、そして案件終了後の評価や監査などを求め、援助受入国がそれらすべてに対応しなければならないことの費用が陰に陽にかさんでしまうことが挙げられました。援助供与国としては、新たに中進国として成長した国々が加わりましたし、援助を行うＮＧＯも増えたということがその背景にあります。援助供与国・機関等が多様化して、それによって開発援助実施費用が増加する現象は、**援助の集中砲火**（aid bombardment）[*13]と呼ばれました。

これらの課題に対処するため、パリ宣言は第一に、援助受入国が援助案件を「自分のもの」と意識すること（オーナーシップ）を求めています。そうすればＳＡＬを受け入れていた時のように受け身の姿勢で開発に取り組むのではなく、開発途上国が主体性をもって取り組むことが可能となるでしょう。そしてそれによって援助効果は高まるだろうと期待されました。

さらに変化は援助供与側にも求められました。アラインメントとハーモナイゼーションの原則はそれぞれ、援助供与側が援助の実施方法を援助受入国の制度に合わせること、および援助供与側同士で制度を共通化すること、を謳っています。過去の状況はアラインメント原則とは対照的に、援助受入国側が援助供与国・機関のやり方に合わせることが通常でした。また、援助供与国・機関それぞれが別々の流儀を持っていたので、ここでもハーモナイゼーション原則とは対照的に、援助受入国が援助供与国・機関の個別のやり方や手続きに従わざるを得ませんでした。パリ合意の第2原則と第3原則はそれぞれ、援助供与国・機関側が「合わせる側」に回って、縦方向の調整（受入国⇩供与国：アラインメント）と横方向の調整（供与国⇔供与国：ハーモナイゼーション）を行うことを意味しています。これによって援助受入国は「援助の集中砲火」を免れると考えられました。

そしてこれらに加え、第4原則の成果主義、第5原則の相互説明責任も、結果への強い志向性、強い説明責任という面から、援助効果を上げると想定されました[*14]。

援助協調の具体策

ＯＥＣＤ／ＤＡＣにおいて合意されたパリ宣言は、その5原則に対応した具体策を伴っていました。多くの低所得国がＭＤＧｓの達成を目指し、そのためにも世界銀行やＩＭＦの譲

＊13　高橋（２００１）、黒崎・山形（２０１７）第12章をご参照ください。
＊14　詳細な解説として、柳原（２００８）をご参照ください。

許的融資や、債務免除を求めていました。そしてＰＲＳＰを作成して、それぞれの国の貧困削減達成のための具体的方途を示すことは、これらの譲許的融資や（二国間）債務免除を得るための条件となっていました。[*15] したがって、２０００年代にはほとんどの低所得国がＰＲＳＰを作成していました。

ＰＲＳＰには、貧困削減の内容である社会開発（貧困、教育、ジェンダー、保健、環境）の達成指標（貧困者比率、初等教育就学率、男女初等教育就学率格差、乳幼児死亡率、妊産婦死亡率、ＨＩＶ感染率、安全な水へのアクセス率など）を、具体的な達成目標値と達成期限（２０１５年）に向けて改善していくために、どんな対策が必要か、そしてその対策のために開発援助がどの分野にどれだけ必要かが記されます。つまり実効性のあるＰＲＳＰを作成するためには、その開発途上国に対する世界銀行やＩＭＦおよび他の援助供与国・機関の支援計画との整合性を保ちながら作成を進める必要があります。

このため、実効性のあるＰＲＳＰの作成を念頭に置いて、主要援助供与国・機関の現地責任者による会合が、しばしば援助受入国で開催されました。この会合は**CG会合**（Consultative Group Meeting）と呼ばれます。現地責任者とは、例えば世界銀行や国連機関の現地代表や援助供与国の大使などを指します。ＣＧ会合は、援助受入国のオーナーシップを示し、援助受入国政府の主催で行われます。この会合においてパリ宣言のアラインメント原則やハーモナイゼーション原則を実現するために、援助供与国・機関が共同歩調を取り、どのようにして、援助受入国が作成するPRSPに調和的な支援計画を作成するかが話し合われます。この会合を契機として、主要援助供与国・機関が情報共有と意思疎通を図ります。

ＣＧ会合によって、援助受入国全体の貧困削減に向けた道筋が確定すると、次には分野別の支援計画が立てられます。保健、教育、水、森林、廃棄物処理、等々の分野は多くの援助供与国・機関、ＮＧＯなどが支援を行っています。それらの供与国・機関、ＮＧＯたちは、保健や教育など、同じ分野に従事している他の国の援助機関、ＮＧＯと、必ずしも密に連絡を取り合っているわけではありません。それぞれの機関やＮＧＯは、一つの国の中でもしばしば別々の地域で、別々の協力相手（省庁、地方自治体、現地ＮＧＯ）に対して支援を行っていて、他地域で何が起こっているか、他の援助機関、ＮＧＯがどういう支援をどういう重点で行っているか、詳しいとは限りません。そこでＣＧ会合の分野別ミーティングとしてセクター会合が開催されます。セクター会合には分野別の専門家（保健分野であれば専門家として現地に派遣されている医師など）も出席し、専門的な見地も交えて、当該分野の改善を、援助

＊15　国際協力事業団（２００１）の第2章をご参照ください。

供与国・機関等全体でどのように調和的に進めていくかが話し合われます。これによって、パリ宣言の原則が分野別で追求されます。このような取組のことを**セクターワイド・アプローチ**（Sector Wide Approach）と呼びます。

さらにイギリスや北欧諸国が中心となり、新たな援助形態が模索されました。それは**財政支援**（budget support）と呼ばれる援助形態でした。財政支援は、かつて主流であったプロジェクト援助とは異なり、プロジェクトを特定せずに、援助供与国の資金を援助受入国の予算に投入します。プロジェクト援助は、必要なプロジェクトを特定し、そのプロジェクトの必要額を算出して、算出された額の支援を約束します。またプロジェクト実施に際して、必要経費が何らかの要因で安く抑えられるとわかった時には、低価格で実施し、実際にかかった分だけ支出する、という仕組みです。これに対して財政支援は、供与額の大小についての吟味は大まかな検討にとどめ、その代わりに、貧困削減の成果が上がったかどうかをもって、支援の意義を正当化しよう、というアプローチをとります。これはパリ宣言の第1原則（オーナーシップ）や第4原則（成果主義の採用）と整合的です。また、プロジェクト援助の場合には、プロジェクトの特定や支援約束額の算定に数年を要するのが常だったので、支援を約束してから援助プロジェクトが完成するまでに長い時間がかかるという課題がありました。これに対して財政支援は、例えば国のトップ同士が合意すればすぐさま供与ができます。[*16] これは外交的には好ましい特徴であったと言えます。

財政支援は、パリ宣言の第3原則（ハーモナイゼーション）に沿うように、さらにもう一ひねりが加えられました。それは複数の援助供与国・機関が、一つの口座に財政支援のための拠出を行い、その額をまとめて援助受入国政府に対して供与するという仕組みで、この口座のことを**コモン・バスケット**（Common Basket）と呼びます。コモン・バスケットに拠出し、その口座から援助受入国に対して援助供与を行うということは、コモン・バスケット参加国・機関は、完全に一枚岩として足並みを揃えることになります。これは究極のハーモナイゼーションということができます。特にイギリスや北欧諸国が、国連や世界銀行の賛意を得て、財政支援やコモン・バスケットを推進しました。

コモン・バスケットに参加する援助供与国・機関は、グループ化することにより、援助受入国に対して大きな交渉力を持つことができました。北欧諸国の援助は、国の経済規模が小さいがゆえに、アメリカや日本と比べて少額にならざるを得ません。しかしその小さい援助

*16　この「支出に要する時間が短い」という特徴は、quick disbursement と呼ばれました。加賀美（1996）をご参照ください。

供与国がグループ化することで、援助受入国における民主化や汚職抑制、政府の効率化といった改善への弾みをつけることができるという意図が込められていました。

このようにパリ宣言は、単なる宣言にとどまらず、宣言の趣旨を実現するための仕組みも伴ったものでした。

援助協調と日本

ＯＥＣＤ／ＤＡＣの加盟国として日本も、パリ宣言に込められている援助協調の精神に賛同し、その5原則に沿うよう努力しました。多くの援助受入国において日本は、ＣＧ会合やセクターワイド・アプローチに積極的に参加しました。特にベトナムやバングラデシュにおける積極的な援助協調への参加が知られています（大野・二井矢　２００５、紀谷　２００７）。援助協調のモデル国と見なされていたタンザニアにおいては、日本も財政支援に加わり、特に農業分野においては援助国・機関のリーダーとしての役割を果たしました。[*17]

しかし援助協調はそもそも、規模の小さな援助供与国に好まれる枠組でした。というのは、規模の大きな援助供与国が一国で大きな影響や交渉力を援助受入国に行使できるのに対して、規模の小さい援助供与国は協調行動によって交渉力を高めざるを得なかったからです。このような事情から北欧諸国は援助協調を好み、図３・２で示されているように、（１

図3.2　主要援助供与国の政府開発援助額の推移（単位：百万米ドル）

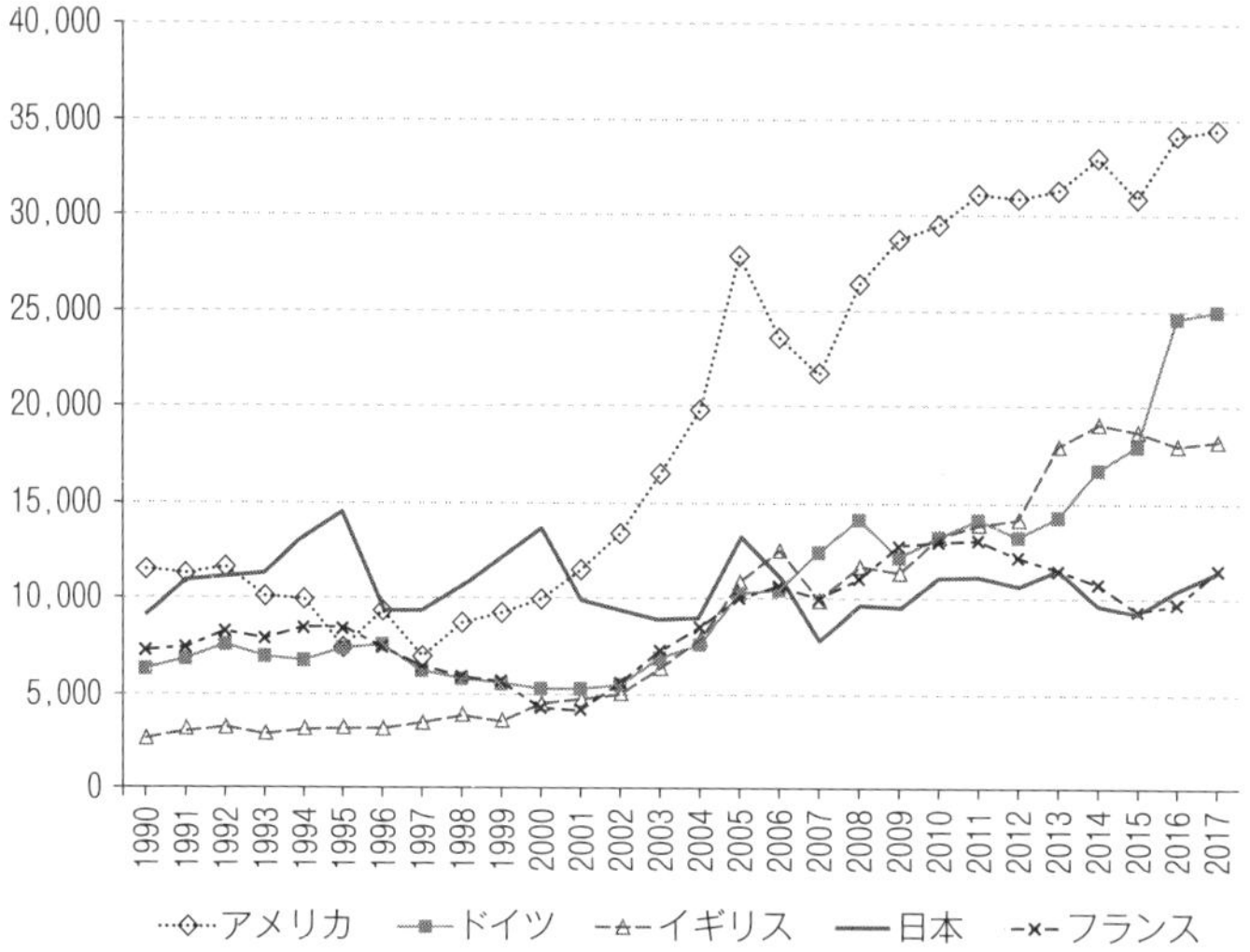

出典：OECDデータベース（https://stats.oecd.org/qwids/）

注：中国は、中国が定義する「対外援助」のデータは公表しているものの（中華人民共和国国務院新聞弁公室 2014）、それはOECDの定義による政府開発援助とは異なるので、上図には示していません。Kitano and Harada（2015）はOECDの定義に合わせて中国の「政府開発援助」を推計しており、その推計によれば、2013年に中国は上記の5カ国に次いで、約70億ドルでした。

990年代から2000年代初めまで）援助額の大きいアメリカや日本は、それほど乗り気ではなかったと思われます（山形 2007）。事実、パリ宣言の履行を確認するためにガーナのアクラで開催された第3回「援助効果向上に関するハイレベル・フォーラム」

＊17　外務省（2005）143ページの囲みII-7に詳細が紹介されています。

においては、援助協調に二の足を踏むアメリカ、日本と、他のOECD／DAC加盟国の間の違いが鮮明になったと報道されています（Beattie 2008）。多くの欧州諸国は欧州連合（EU）に属しており、EUとしての開発援助も供与しているため、EU加盟国の間では意思統一をしやすいという側面もあると思われます。このように日本は、他のOECD／DAC加盟国に牽引される形で、援助協調に取り組んでいたと言えます。

理想と現実

援助協調の取組は、援助受入国の主体性を高め、援助受入国が負担していた調整費用を援助供与国が引き受け、援助の成果に一層意識的になるという意味で、大きな改善があったものと考えられます。何より、援助協調の取組の過程で、援助受入国のフィールドレベルで多様な国際協力関係者が、所属や国籍を超えて、「この国の貧困削減はどうあるべきか」、「援助供与国・機関やNGOは、どのように協力・分担したら、援助の効果を最大化できるか」などを議論する機会になったということが、非常に大きな成果でした。2000年代最初の10年間は、MDGsを世界がどう達成するか、そのためにそれぞれの開発途上国がどのようなPRSPを作成すべきか、そしてそれらの助けとなるために援助供与国・機関はどのように協調すべきかという理想を、世界の人々が追い求めることが良しとされた10年でした。

振り返れば、20世紀の半ばに第二次世界大戦が終わってから、理想と現実のせめぎあいの中で国際開発が実現されてきました。戦後は、植民地から解放された母国を自分たちの手で発展させようというナショナリズムの高揚がありました。また、皆がそれぞれの必要に応じて所得や資産が分配される共産主義を理想に掲げた人たちもいました。それらの理想に対して、石油ショックや累積債務、紛争といった難題が突き付けられ、対応に追われたのが１９７０～90年代でした。その挑戦をさらに一次元高めることによって、貧困削減という課題に応える理想を掲げたのが21世紀の最初の10年だったと言えます。

そして２０１０年代には、皆さんがお気づきのように、理想主義よりは現実主義や一国中心主義の方に傾いた思考様式が支配的になっています。

３－３　ＳＤＧｓの仕組みとそれを取り巻く環境

援助協調の挫折

援助協調の取組は、２０１０年代に入ると勢いを失っていきました。前節で述べたように、一定の成果は上がりましたし、何より図３・１で示したように貧困削減は東アジア・大洋州、南アジアのみならずサブサハラ・アフリカでも大きな進展を見せました。ですから援助協調の努力は確実に報われたのですが、援助協調という枠組の困難さも顕わになってきていました。

具体的には、援助協調が「援助供与国・機関全体」と援助受入国が対峙する構図をしばしば見せたということが挙げられます。パリ宣言の第1原則は「開発途上国側が開発援助のオーナーシップを持つこと」でしたが、それは援助供与国・機関が、援助受入国の言うことを何でも聞く、ということまでは意味していませんでした。むしろ援助供与国は自国の国民への説明責任を果たすため、「援助受入国において、援助が無駄なく、汚職なく効率的に用いられている」とか、「援助受入国は民主的に政治運営がなされている」とか、「援助受入国においては人権が尊重されている」といった基準を満たすことを援助受入国に期待しがちでした。それらの基準が満たされない場合、すべての援助供与国・機関の支援が差し止められることがありました。実例としてバングラデシュでは、保健行政をより効率的にするために援助供与国・機関が一致して推奨した保健家族福祉省における保健予算と家族計画予算の一本化が、バングラデシュ政府の反対に遭い、保健分野への支援が滞るということがありました（World Bank 2003b, pp.51-54）。また2011年には、バングラデシュの三大河川の一つであるポッダ川に掛ける大橋梁であるポッダ橋の建設に関して、当初は世界銀行、アジア開発銀行、日本の援助を用いて建設する計画であったところ、入札のプロセスで汚職があったと世界銀行が指摘し、世界銀行、アジア開発銀行、日本が支援を差し止めるという事件が起こりました（*Financial Express* 2011）。これに対してバングラデシュ政府は態度を硬化させ、当初は「汚職はなかったので、抗議は受け入れられない。ポッダ橋は援助ではなく、バングラデシュの国家予算のみで建設する」と言っていましたが、最終的には中国の支援等を受け入れて、現在建設中です。

このように援助協調は、「援助供与国・機関が一致団結して援助受入国と向き合う」という理想主義的な側面を持っていたのですが、まさにその側面が「欧州のみならず、アメリカや日本にも協調行動を求めること」、「中国など、非ＯＥＣＤ／ＤＡＣ加盟国には協調行動を求めることができない」という困難を引き起こすことになりました。

新興ドナーの台頭

２０１０年代には、中国のみならず韓国やタイのような東アジア諸国、サウジアラビア、アラブ首長国連邦といった中東の産油国、ブラジルやベネズエラといったラテンアメリカ諸国も援助供与国として台頭してきました。また中東産油国やマレーシアなどイスラム諸国で構成されるイスラム開発銀行（Islamic Development Bank）も、加盟国の間では大きな役割を

表 3.4　新興援助供与国・機関等の拠出額（単位：百万ドル）

	2009	2010	2011	2012	2013	2014	2015	2016	2017
国									
韓国	6,442	11,834	11,509	12,415	15,038	11,649	12,318	12,222	10,882
サウジアラビア	—	—	—	—	—	13,634	—	—	—
日本	45,482	48,249	62,082	48,977	58,346	40.718	37.908	39,834	37,699
OECD/DAC加盟国計	334.477	512,792	504,701	477,702	450,382	587,731	315,651	317,435	422,968
多国間機関									
欧州連合(EU)	18,275	18,330	16,597	16,480	15,347	14,509	12,313	17,846	16,893
イスラム開発銀行	442	1,439	1,817	923	832	789	1,084	955	1,182
世界銀行グループ	23,011	27,726	10.286	16,827	18,211	18,093	21,643	17,503	15,513
民間財団									
ビル&メリンダ・ゲイツ財団	2,479	1,971	2,647	2,618	2,787	2,865	3,229	3,742	3,750

出典：OECD データベース（https://stats.oecd.org/qwids/）
注：日本や OECD/DAC 加盟国、世界銀行グループは、比較対象として掲載しています。上記の額は政府開発援助に「その他政府資金（Other Official Flows: OOF）」と「民間資金（Private Flows: PF）」を加えているので、図 3.2 の値とは異なっています。

果たすようになりました。これらは新しい「多国間援助供与機関(multilateral donors)」と位置付けられます。さらにはマイクロソフトの共同創業者であるビル・ゲイツと妻のメリンダ・ゲイツが2000年に設立したビル&メリンダ・ゲイツ財団が、国際開発の分野において、一国と比肩するほどの大きな貢献をするようになりました。過去にもビジネスにおける成功者によって設立されたフォード財団、カーネギー財団、ロックフェラー財団などが多大な社会貢献をしてきましたが、ビル&メリンダ・ゲイツ財団の国際開発における貢献は、さらに大きなものであったと言えます。

援助供与国としての中国が台頭していることは注目を集めています[*18]。中国はOECD／DAC加盟国とは異なる分類で開発援助の統計を取っているので、公式統計で中国とOECD／DAC加盟国の政府開発援助の比較はできません。そこで北野尚宏と原田幸憲は中国のデータにOECD／DACの基準をあてはめて「中国のODA」を推計しました。彼らの推計によれば、中国は2013年にOECD／DACの定義を用いた政府開発援助を約70億ドル支出しています（Kitano and Harada 2015）。これは2013年に中国が、世界第6位の援助供与国であったことを意味しています。さらに中国は、2015年にアジアインフラ投資銀行（Asian Infrastructure Investment Bank：AIIB）という多国間開発銀行を設立し、その最大出資国となっています。AIIBは2016年から2018年までの3年間に75億ドルの案件の契約を成立させています[*19]。

韓国は2010年にOECD／DACに加盟しました。表3・4で示したように、2010年代に入ってからは、政府開発援助（ODA）、その他政府資金（OOF）、民間資金（P

＊18　中国の援助については、下村・大橋・日本国際問題研究所編（2013）が参考になります。

F）を合わせて100億ドル程度を毎年開発途上国に支出しており、その規模は日本の3分の1に達します。ペルシャ湾岸産油国の中ではサウジアラビアの2014年の値のみがOECDを通じて公開されています。規模としては韓国と同程度の拠出を行っています。

表3・4には欧州連合（EU）[*20]やイスラム開発銀行のODA＋OOF＋PFも示しました。EUの額は日本の半分程度に達しており、EU加盟国が、一国としてのみならず、EUの一員としても大きな国際貢献をしていることが見て取れます。イスラム開発銀行の支出の規模は日本やEUと一桁違いますが、10億ドルに達しており、支援を受ける開発途上国にしてみれば大きな額です[*21]。イスラム諸国は独自の協力関係を築いていることがわかります。また、民間財団の代表としてビル&メリンダ・ゲイツ財団の開発援助に関わる拠出額を表3・4に掲げました。2015年以降は毎年30億ドルを超える額を拠出しています。

「援助効果」から「開発効果」への方向転換

これまで見てきたように、2010年代に入ってOECD／DAC加盟国以外の国や組織による国際協力への貢献度が非常に高まっています。①非OECD／DAC加盟国とそれらの諸国が主導する国際機関（中国、中東諸国、ラテンアメリカ新興国、AIIB、イスラム開発銀行等）、②民間財団（ビル&メリンダ・ゲイツ財団等）、そして③民間企業が、国際開発に寄与することが多くなりました。民間企業においては、社会的責任（Corporate Social Responsibility：ＣＳＲ）の観点から、または開発途上国の低所得層向けビジネス（Base of Pyramid：ＢＯＰ）の観点から、開発途上国の人々の生活や文化などを支えるような活動をする意識が高まりました。[*22] このような非ＯＥＣＤ／ＤＡＣ加盟国・組織による国際協力の増加は、ＯＥＣＤ／ＤＡＣ加盟国間に限定した援助協調や援助効果向上の試みの意義を相対的に低める結

---

*19　ＡＩＩＢの以下のサイトに過去3年間の実績が紹介されています（https://www.aiib.org/en/about-aiib/who-we-are/third-anniversary/index.html）。また中国は、新興経済大国であるブラジル、ロシア、インド、中国、南アフリカ（5カ国の頭文字を取ってＢＲＩＣＳと呼ばれます）を中心として運営する新開発銀行（New Development Bank）も主導しています。新開発銀行は構想がなされた当初、ＢＲＩＣＳ銀行と呼ばれていました。

*20　ＥＵは、加盟国の拠出を得つつ、加盟国とは別個に開発援助を行っています。

*21　イスラム開発銀行の拠出は２０１０～11年に一度ピークを迎え、その後半減していますが、これは原油価格の変動に影響されていると考えられます。原油価格は２０１１～13年に高い値をつけ、その後２０１５～16年には半減しています。

*22　ＣＳＲやＢＯＰについてより詳しくは、Prahalad (2005)、菅原・大野・槌屋（２０１１）、吉田（２０１８）をご参照ください。

果となりました。先にバングラデシュの例で示したように、ＯＥＣＤ／ＤＡＣ加盟国が結束して行動を起こしても、開発途上国側がそれに対して正面から向き合ってくれないことが多くなってきました。

このような事態に直面して、ＯＥＣＤ／ＤＡＣの姿勢にも変化が現れました。２０１１年に韓国の釜山で開催された第4回「援助効果向上に関するハイレベル・フォーラム」においては、援助効果（aid effectiveness）を代替するものとして開発効果（development effectiveness）という新しい概念が提起されました。[*23] 援助効果が「援助の効果」を意味していたのに対して開発効果は「開発のための効果」を意味しています。開発効果は、政府開発援助以外のあらゆるインプット（主として民間資金と開発途上国自体の国内資金が想定されています）を動員して、開発の成果を挙げる方法を求めています。言い換えれば、「（特にＯＥＣＤ／ＤＡＣ諸国の）政府開発援助が国際開発のための投入の一部に過ぎなくなった今日、民間資金や開発途上国内の資金をどのようにして動員するかが問われる」というように、視点の転置がなされました。つまり２０００年代の最初の10年には「先進国政府の国際開発への関与をどれだけ効率的・効果的に高めていくか」ということが焦眉の課題だったのに対して、次の10年間には、「先進国政府以外の主体から、どのようにして資金を引き出していくか」という課題の方に焦点が当てられるようになりました。

このようなＯＥＣＤ／ＤＡＣの転向には、それまで援助協調の取組を主導してきたイギリスの体制変化が影響したものと考えられます。イギリスは２０１０年に労働党から保守党への政権交代がありました。前述のようにイギリスは２００２年に国際開発法を制定し、イギリスの政府開発援助は開発途上国の貧困削減を目的にして行う、と宣言していたのですが、２０１２年に任命されたジャスティン・グリーニング国際開発大臣は２０１３年のスピーチにおいて、イギリスの国際協力は、イギリス企業の開発途上国への投資にも資するものへと変容していくことを告げました（Greening 2013）。これはイギリスの政府開発援助が、イギリス企業の利益という国益をも重視する、という宣言に他なりません。新ミレニアムの最初の10年間、イギリスはＯＥＣＤ／ＤＡＣにおいて、そして国連の場においても、世界の貧困削減を先進国がリードしていく旗手を務めていたのですが、その役回りから降りることを公言したことになります。さらにイギリスは２０１５年３月、ＯＥＣＤ／ＤＡＣ加盟国の中で

＊23　開発効果という語は、釜山フォーラムの成果文書"Busan Partnership for Effective Development Co-operation"にも用いられています。フォーラム直前に出版された出版物として Kharas, Makino, and Jung（2011）が参考になります。

は初めて、ＡＩＩＢへの参加を表明して世界を驚かせました。それまでＡＩＩＢの運営が透明性や説明責任を伴った形でなされるかどうか、そしてＡＩＩＢが十分に環境・社会配慮を行ったうえでなされるか、といった点が不安視され、中国主導で設立準備が進められていたＡＩＩＢへの参加をＯＥＣＤ／ＤＡＣ加盟国は躊躇していました。しかしイギリスは中国との良好な経済関係やＡＩＩＢの案件に対するイギリス企業の参加等を念頭に置いてＡＩＩＢへの参加を決めたと見られ、その後はアメリカ、日本を除くＯＥＣＤ／ＤＡＣ加盟国が雪崩をうってＡＩＩＢへの参加を表明しました。こうしてイギリスによって主導されたＯＥＣＤ／ＤＡＣの援助協調の取組は、２０１０年代に入り、イギリスによって幕が引かれたと言えます。

SDGsの策定プロセス

ＭＤＧｓの後継となる国際目標をＳＤＧｓとするということは、２０１２年6月に開催された地球サミットで発表されました。この地球サミットは「リオ＋20」とも呼ばれていました。というのは、１９９２年に初めて、「環境保護と開発」を国家元首が集結した地球サミットがブラジルのリオデジャネイロで開催されました。その後、第2回地球サミット（リオ＋10）が10年後の２００２年に南アフリカのヨハネスブルグで開催され、２０１２年の地球サミットは20年後に再びリオデジャネイロで開催されたからです。

ＳＤＧｓがＭＤＧｓの次の国際目標となるということが２０１２年6月に公表される前に、国連の中でＳＤＧｓやＭＤＧｓの推進役を務めている国連開発計画（ＵＮＤＰ）が、ＳＤＧｓへの合意形成をするための意見調整を世界的に進めている様子でした。筆者（山形）は、２０１２年3月に、東南アジアや東アジアの大臣経験者を含む専門家を招聘して日本で開催された意見調整会議*24に出席しました。この会議で問いかけられたのは「ＭＤＧｓ後の国際目標は、ＭＤＧｓ同様に開発を焦点とすべきか、それとも、先進国の人々をも受益者と想定する普遍的（universal）なものであるべきか」ということでした。既に開発途上国から中進国へと位置付けを移しつつある多くのアジアの専門家は、新・国際目標が普遍的なものと

---

*24　この会議は“East Asian Regional Consultation on the Human Development Reports and Measurement of Progress”というタイトルで、２０１２年3月13日にＪＩＣＡ研究所で開催されました。会議の詳細についてはYamagata（2016）pp.13-14をご覧ください。普遍主義（universality）はその後、ＳＤＧｓの中心的なメッセージである「誰も取り残さない（no one will be left behind）」を意味するものと解釈されていきます。

なることに賛意を表しました。本章の冒頭で述べたように、SDGsの第11～15目標は環境保護に関わるもので、開発途上国のみならずあらゆる国の人々に向けられた普遍的なものとなっています。

MDGsについての一つの反省は、多くの人々にとっては前触れなく国連ミレニアム宣言や、その具体化であるMDGsが決定されたということでした。SDGsの内容を決めるに当たっては、世界全体の意見を集約することが志向されました。そこで以下のような5つのレベルの意見聴取（コンサルテーション）がなされました：①各国の政府首脳や、その経験者をメンバーとするハイレベルパネル、②持続可能な開発に関する専門家ネットワーク、③国連機関専門家チーム、④世界各地で開催されたミーティングや、インターネットによって一般に開放された意見聴取、⑤国連に協力する民間セクターの集合体であるグローバル・コンパクト。そしてこれらのコンサルテーションの結果は、2013年に国連事務総長に報告されました。

一方、このコンサルテーションから得られる意見は多種多様なものです。具体的な取りまとめのためになされたのは、国連加盟国政府代表によって2013年3月から2014年7月まで、計13回開催された「オープン・ワーキング・グループ（Open Working Group：OWG）」のミーティングでした（山形 2015）。この会合は、世界各国が単独ではなく、典型的には2～3カ国で形成されたグループを形成し、そのグループごとにＳＤＧｓの目標や、その下位目標や数値目標である「ターゲット」を提案する、という仕組みを取っていました。例えば「ナウル・パラオ・パプアニューギニア」、「ブータン・タイ・ベトナム」、「インド・パキスタン・スリランカ」といったグループが自発的に形成されましたが、日本は、必ずしも自然・社会条件の類似性の高くない、イランとネパールとの間で一つのグループを形成することになりました。

ＳＤＧｓの具体的内容の絞り込みのために第10回までに各国グループから提案されたすべての目標やターゲット案を取りまとめたレポートが *Encyclopedia Groupinica*（「グループ百科事典」とでも訳すべきでしょうか）として公表されました（OWG-SDGs 2014a）。このレポートには、目標候補が19、そしてターゲット候補が約２０００提案されていました。このレポートを元に目標を17、ターゲットを１６９に絞り込んだＯＷＧの最終報告書が２０１４年７月に提出されました（OWG-SDGs 2014b）。この最終報告書の内容がほぼそのまま、２０１５年９月にＳＤＧｓとして国連総会で承認されています。その結果が表３・１に掲げたＳＤＧｓです。

SDGsの推進枠組

　MDGsの場合には、国際目標であるMDGsを各開発途上国がどのようにして達成するかを示す戦略としてPRSPが作成されました。SDGsの場合には、SDGsという国際目標を各国の努力に落とし込む、どのような仕組みが用意されているのでしょうか。

　まずMDGsの受益者として想定されているのは開発途上国だったので、開発途上国がPRSPを作成していました。SDGsの受益者としては開発途上国のみならず先進国も想定されているので、国連加盟国すべてが、MDGsの場合のPRSPのような「SDGs達成戦略」として**自発的国別レビュー**（Voluntary National Review）を作成することになっています。またSDGsに関するハイレベル政治フォーラムと称される閣僚レベルの会合が毎年7月にニューヨークの国連本部で開催され、各国のSDGs達成への進捗が議論されています。2019年には、通常のハイレベル政治フォーラムに加えて、各国首脳レベルによるSDGsサミットが、9月の国連総会のタイミングで開催される予定です。

　自発的国別レビューは、SDGs達成への貢献に関する自国の計画を、2016年以降、準備のできた国から作成し、ハイレベル政治フォーラムに対して報告するものです。MDGsの場合は目標が8しかなく、下位目標であるターゲットも21だけでした[*25]が、SDGsは目標の数が17で、ターゲットの数は169あります。MDGsの場合は8つの目標と21のターゲットすべてに対応することが想定されていましたが、ＳＤＧｓは目標の数もターゲットの数も多いので、それらすべてに応えなければならないという雰囲気はありません。そこで各国は、自国の課題の優先度に応じて、選択的にＳＤＧｓ達成戦略を描いているようです。

日本は２０１６年12月に、内閣総理大臣を本部長とするＳＤＧｓ推進本部が、表３・５に示したようなＳＤＧｓ実施指針を発表し、この内容を２０１７年7月に、日本の自発的国別レビューとして国連に提出しました。一見してわかるとおり、日本の経済社会の発展が一義的で、国際協力は付加的です。「あらゆる人々の活躍の推進」の具体例は「一億総活躍社会」ですが、一億とは日本の人口を表しています。「国土強靭化」も日本の国土の強靭化を指していています。日本政府にとってのＳＤＧｓは主として日本国民に資するものとして捉えられており、開発途上国のための目標であったＭＤＧｓと根本的に異なる扱いがなされていることがわかります。

このような自発的国別レビューは国連・専門機関加盟国１９５カ国がそれぞれに作成することが期待されています。国連のＳＤＧｓサイト（Knowledge Platform と呼ばれています）に

＊25　ＭＤＧｓが発表された当初はターゲットの数が18でしたが、その後、増加しました。

表3.5　日本のSDGs実施指針の概要

1. あらゆる人々の活躍の推進
   - 一億総活躍社会の実現
   - 女性活躍の推進
   - 子供の貧困対策
   - 障害者の自立と社会参加支援
   - 教育の充実
2. 健康・長寿の達成
   - 薬剤耐性対策
   - 途上国の感染症対策や保健システム強化、公衆衛生危機への対応
   - アジアの高齢化への対応
3. 成長市場の創出、地域活性化、科学技術イノベーション
   - 有望市場の創出
   - 農山漁村の振興
   - 生産性向上
   - 科学技術イノベーション
   - 持続可能な都市
4. 持続可能で強靭な国土と質の高いインフラの整備
   - 国土強靭化の推進・防災
   - 水資源開発・水循環の取組
   - 質の高いインフラ投資の推進
5. 省・再生可能エネルギー、気候変動対策、循環型社会
   - 省・再生可能エネルギーの導入・国際展開の推進
   - 気候変動対策
   - 循環型社会の構築
6. 生物多様性、森林、海洋等の環境の保全
   - 環境汚染への対応
   - 生物多様性の保全
   - 持続可能な森林・海洋・陸上資源
7. 平和と安全・安心社会の実現
   - 組織犯罪・人身取引・児童虐待等の対策推進
   - 平和構築・復興支援
   - 法の支配の促進
8. SDGs実施推進の体制と手段
   - マルチステークホルダーパートナーシップ
   - 国際協力におけるSDGsの主流化
   - 途上国のSDGs実施体制支援

出典：SDGs推進本部（2016）https://www.kantei.go.jp/jp/singi/sdgs/dai2/siryou3.pdf

表3.6　SDGs自発的国別レビューの提出状況

	2016	2017	2018	2019	2020	予定なし	計
国数	22	42	38	41	9	43	195

出典：国連 SDGs Knowledge Platform（https://sustainabledevelopment.un.org/memberstates）
注：2019年2月末の状況です。

各国がいつレビューを国連に提出したか、またはする予定かが掲載されていて、その実績は表3・6のようにまとめられます。

２０１８年までに１０２カ国が提出を済ませており、50カ国は２０１９年または２０２０年に提出すると約束しています。43カ国は提出を確約していない状況です。43カ国のほとんどが開発途上国で、先進国はオーストリアとブルガリア、そしてアメリカが含まれています。レビューを作成するにはそれなりの準備が必要ですから、開発途上国が提出するまでに時間がかかることは理解できますが、アメリカのような先進国で、かつ国連本部が置かれている国が提出を確約していないというのは、このＳＤＧｓ推進枠組が重視されていないことを伺わせます。

２０１９年９月にニューヨークで初めて首脳レベルで開催されるＳＤＧｓサミットにおける、世界の首脳たちの参加や発言が注目されます。というのは、それによってＳＤＧｓが２０２０年代にどう扱われるかが決まるからです。

世界が内向きになることを許すＳＤＧｓ

これまで述べたように、国際目標としてのＭＤＧｓは国別戦略計画書としてのＰＲＳＰの密接に関連付けられていました。そしてＰＲＳＰに沿って貧困削減実績を上げないと、ＰＲＳＰを前提にして策定されていた援助計画が崩れてしまい、世界銀行、ＩＭＦのみならずＯＥＣＤ／ＤＡＣ加盟国からの支援も見直されてしまうという仕組みになっていました。したがって、開発途上国にはＰＲＳＰに沿って自国の貧困削減を推進し、ＭＤＧｓ達成に寄与する強い誘因（インセンティブ）が働いていました（山形　２００３）。

またＭＤＧｓは、ＯＥＣＤ／ＤＡＣのパリ宣言の第４原則である「成果主義」に則っていました。成果主義は、成果指標や達成期限、目標数値を明示し、その成果指標に代入するデータの収集も必要とします。そうして目標値に対して順調に近づいていくかをモニター（監視）しながら達成に取り組むことを求めます。ＭＤＧｓは上に挙げたような、成果主義が成り立つ条件を満たしていました。[*26]

一方、国際目標としてのＳＤＧｓの国別戦略計画と位置付けられる自発的国別レビューは、援助供与国・機関等の支援とは結び付けられていません。「自発的に作成する」ということは、レビューを作成する国に対して大きな自由度をもたらしますが、それは逆に言うと、援助供与国・機関等からの支援のコミットメント（関与）が確約されないことをも意味します[*27]。

さらに目標やターゲットの多さ（8つの目標、169のターゲット）は、国際目標としてのSDGsの焦点の弱さを意味します。これだけ数が多いと、すべてに対して応えることは求められず、得意なところだけに注力して、その成果を自画自賛するということが可能です（*Economist* 2015）。

＊26　MDGsと成果主義の関係については黒崎・山形（2017）の202～204ページを参照ください。また成果指標に代入される家計データの収集の状況については同書の33～36ページをご覧ください。

＊27　SDGs推進のための国別戦略が、各国それぞれに大きな自由度を持たせるものになったことには、2015年12月に第21回気候変動枠組条約締約国会議（COP21）においてパリ協定が採択されたことが影響していると思われます。この協定は、各国の温室効果ガス削減目標を、それぞれの国が自発的に自由に設定することを許したうえで、その目標の達成は義務としない、という非常に緩やかな枠組みにすることで、各国の合意を取り付けた、という特徴があります。ちなみにCOPはConference of the Parties of the UNFCCCの略で、UNFCCCは気候変動枠組条約（United Nations Framework Convention on Climate Change）の略です。

またＳＤＧｓはＭＤＧｓと比較して、数値を明示したターゲットの割合が少ないため、達成したかしないかの判断が曖昧になってしまう点も懸念されます（山形 ２０１５）。ここでは「根絶（０％）」や「あらゆる人に（１００％）」といった言葉で表現されるターゲットも数値指標とは見なしません。なぜなら、厳密に言えば０％や１００％という値は達成不可能だからです。その基準でＭＤＧｓとＳＤＧｓを精査すると、筆者の計算ではＭＤＧｓでは全ターゲットのうち23・８％が数値指標（21分の５）でしたが、ＳＤＧｓについては6.5％（１６９分の11）に止まっています。

このように開発途上国にとってＳＤＧｓは、ＭＤＧｓと比較すると、①達成インセンティブが弱く、②目標・ターゲットが多いために資源・努力の投入が散漫になりがちで、③数値指標と結び付けられていない観念的なターゲットが多い、という特徴を持っています。成果主義の観点から言えば、これらはＳＤＧｓの弱みとなります。そして先進国にしてみれば、ＳＤＧｓには「誰も（先進国の人も！）取り残さない」という普遍性（universality）原則がありますから、自国の貧困削減、社会開発、環境保護、経済成長、平和と安全保障が改善すれば、胸を張ってＳＤＧｓへの貢献を誇示することができます。

日本政府によるＳＤＧｓへの取組も、表３・５に見られるように、主に日本に向けられています。例えば２０１７年に日本政府はジャパンＳＤＧｓアワードという名称の賞を創設しました。初年度には12の団体、企業、地方自治体が受賞し、第2回の２０１８年には15の団体、企業等が受賞しています。しかしこの賞の対象は「日本に拠点のある企業・団体」に限定されています。[*28] ジャパンＳＤＧｓアワードの英語表記はJapan SDGs Awardであり、この賞の創設を日本政府は自発的国別レビューにおいて世界に誇っていますが、この賞は「世界の団体や企業のＳＤＧｓへの取組を日本政府が表彰する」のではなく、日本の団体や企業の表彰に限定されています。

17の目標のうち、達成しやすい目標のみに注力し、それで良しとしてしまうのではないかという懸念も、特に日本において現実のものになりそうな徴候があります。表３・７は経営コンサルティング会社のデロイトトーマツが、ＳＤＧｓの各目標に関連する市場規模を試算

＊28　外務省のサイトであるJapan SDGs Action Platformの「ジャパンＳＤＧｓアワードの概要」（https://www.mofa.go.jp/mofaj/gaiko/oda/sdgs/pdf/award_overview.pdf）をご参照ください。２０１７年9月15日付のＳＤＧｓ推進本部幹事会決定「平成29年度「ジャパンＳＤＧｓアワード」の具体的実施方法について」にも、公募の対象が「ただし、原則として拠点を日本国内に有する団体に限ることとする」とされています。

表3.7　デロイトトーマツによるSDGs各目標の市場規模試算
（単位：兆円）

	目標	市場規模
1	貧困をなくそう	183
2	飢餓をゼロに	175
3	すべての人に健康と福祉を	123
4	質の高い教育をみんなに	71
5	ジェンダー平等を推進しよう	237
6	安全な水とトイレを世界中に	76
7	エネルギーをみんなに、そしてクリーンに	803
8	働きがいも経済成長も	119
9	産業と技術革新の基盤をつくろう	426
10	人や国の不平等をなくそう	210
11	住み続けられるまちづくりを	338
12	つくる責任つかう責任	218
13	気候変動に具体的な対策を	334
14	海の豊かさを守ろう	119
15	陸の豊かさも守ろう	130
16	平和と公正をすべての人に	87
17	パートナーシップで目標を達成しよう	—

出典：デロイトトーマツ（2017）、5ページ

した値を示しています。市場規模というのは、各目標に関連する商品やサービスを生産したとしたら売り上げがどれだけの額になるかを示すものです。具体的には、目標4の教育は71兆円、目標7のエネルギーは803兆円と推計されています。全体としては、目標1～6の貧困削減関

連目標の市場規模は比較的小さく、目標7～10の経済関連目標の市場規模は比較的大きいという結果になっています。目標11～15の環境関連目標も経済関連目標に次いで高い値を示しています。報告書の目的は「SDGsによるビジネスチャンスは大きい」ということを示すことのようですが、表3・7の結果を読み取る側の企業としては、「市場規模の大きな目標」に注目して当然と思えます。「ビジネスになる目標」と「ビジネスにならない目標」が選別され、結果的に世界の貧困削減よりも、先進国のエネルギー需要、産業・技術革新などが優先されてしまう懸念があります。

国際的に見ても、SDGsは「できるだけ開発途上国内資源を活用して達成すべきだ」というメッセージが、2015年7月にエチオピアの首都アディスアベバで開催された第3回国連開発資金国際会議で示されました。この会議の成果文書である「アディスアベバ行動目標[*29]」において、「取られるべき行動」として国際協力に先んじて挙げられたのは①開発途上国の国内公的資金動員と②民間企業や民間資金の活用、でした。①は開発途上国の徴税努力や効率化、補助金の削減などにより、援助に頼らず自国でSDGs達成のための資金を確保

＊29　Addis Ababa Action Agendaとして、国連決議（A/CONF.227/L.1）の付属文書となっています。

する努力の必要性を示しています。②には、海外出稼ぎに行っている開発途上国の人々からの送金の活用が例示されています。ＳＤＧｓの採択の2カ月前に、後発開発途上国のエチオピアで開催された国連の会議において、「開発のための資金は、まずは自前で調達する努力をせよ」というメッセージが示されたことは印象的でした。

ＳＤＧｓはＭＤＧｓと少なくとも同程度に、国際協力や国際協調を推進しているように見えるかもしれません。しかし、①「誰も取り残さない」という一見、世界の最底辺の人々をハイライトしているように聞こえる普遍性原則が、実のところは先進国の人々をも受益者として含むことを意味していること、そして②自発的国別レビューという各国ごとのＳＤＧｓ達成戦略の縛りが緩いこと、という2つの特徴のため、ＳＤＧｓは見かけとは異なって、各国の内向き志向を高めることに資する結果となっています。より市場規模の大きい、先進国の消費者に関連付けられた目標達成に向けた経済活動を行うことで、ＳＤＧｓへの貢献を主張することができます。ＳＤＧｓの中でも世界の人々が地球全体のために取り組むゴールとして設定されたＳＤＧｓが、世界各国の内向き志向に資する構造を有しているというのは皮肉なことです。*30

３−４　まとめ：理想主義の10年から一国中心主義の10年へ

ＳＤＧｓはＭＤＧｓの成功に基づいて策定されました。ＳＤＧｓはＭＤＧｓが用いた「目標＋ターゲット」という構造を引き継ぎ、そのうえで持続可能性や経済的達成の側面が拡充されました。しかしＭＤＧｓとＳＤＧｓとでは、育った土壌が全く異なっていました。ＭＤＧｓは、新ミレニアムの祝祭的ムードや２００４年末のインド洋大津波後の「ほっとけない世界のまずしさ」運動やＯＥＣＤ／ＤＡＣの援助協調の動きといった一連の理想主義的雰囲気の中で国際目標として取り組まれ、達成に向けた努力がなされました。一方ＳＤＧｓは、新興ドナーの台頭とＯＥＣＤ／ＤＡＣの相対的地位の低下、「援助効果」から「開発効果」への概念変換に象徴される民間部門依存の始まり、さらには、イギリスが先駆けの一つとな

＊30　筆者（山形）は、第１９３回国会の参議院政府開発援助等に関する特別委員会（２０１７年６月７日）において参考人として、この点を指摘しました（参議院　２０１７）。山形（２０１７）も同じ趣旨の小論です。

りドナルド・トランプ米大統領の登場で決定づけられた国際開発と自国産業振興の関連付け、といった一連の事態が展開した2010年代に生まれるという定めでした。この意味でMDGsとSDGsは「パラレルワールドの双生児」と言えます。内容や構造で言えばSDGsはMDGsの拡大版であり、その意味で両者は双子というか兄弟姉妹のようですが、2000年代に生まれたMDGsと2010年代に生まれたSDGsとでは、生まれた世界が様変わりしていました。新ミレニアムの期待に胸膨らませた理想主義が充満していた2000年代と、一国中心主義が当たり前になってしまったかのような2010年代とでは、国際開発に携わる人々が持つ「常識」が全く異なっていました。2000年代には国際開発において援助供与国の国益の話題は非常識に思われましたが、2010年代には対照的に、国益に言及しないことが非常識に聞こえるようになっています。

このような解釈をしつつも私は「理想主義は次第に衰退し、常に現実主義に打ち負かされるものだ」とは思いません。なぜなら1990年代直前に職業生活を始めた私にはその当時、2000年代にミレニアム開発目標や援助協調といった高い理念を持った新機軸が現れるとは全く信じられなかったからです。また1990年代には、サブサハラ・アフリカや南アジアのバングラデシュ、インドが2010年代の現在の姿のような経済発展や貧困削減、社会開発を進めることができるとは到底思えなかったのに、それらが実現したということにも今更ながら驚かされます。本文で述べたように１９９０年代は、アフリカやバングラデシュにとって、どちらかと言えば暗い時代でした。世紀末には世界銀行、ＩＭＦ、ＷＴＯと市民社会の対立が際立っていました。そんな中、コフィ・アナン（当時の国連事務総長）、ジェームス・ウォルフェンソン（当時の世界銀行総裁）、緒方貞子（１９９０年代の国連難民高等弁務官）、ジェフリー・サックス（経済学者）、ビル＆メリンダ・ゲイツ（財団の共同会長）、ボノ（ロックバンドU２のボーカル）[*31]といった著名人のみならず、私が名前を知らない数多くの人々の努力や強い思いがあったからこそ、理想主義に導かれた新世紀の始まりにミレニアム開発目標が掲げられ、９・11後の安全保障への関心の高まりがあってなお、最初の10年の世界の貧困削減への機運は維持されたのだと思います。

このような１９９０年代から２０００年代の推移を想起すると、２０１０年代の現実主義的、一国中心主義的な10年間も、過去から未来に続く国際開発の歴史の中の１ページに過ぎ

＊31　ボノはアーティストですが、特に開発途上国の債務削減の主唱者として大きな役割を果たし、２００５年にはビル＆メリンダ・ゲイツ両氏とともに雑誌タイム（*Time*）の「今年の人」に選出されました。同誌の２００５年末合併号（２００５年12月26日、２００６年１月２日）をご参照ください。

ないように感じられます。

本章の3－2節で述べたように、第二次世界大戦後の開発途上国は植民地解放後のナショナリズムや共産主義で理想の社会を建設しようとしていました。その後の成功や挫折を経て、21世紀も20年が過ぎようとしています。今後2020年代、そしてその後の時代は、2010年代のような現実主義が続くでしょうか。または2000年代のような理想主義が再び盛り上がるでしょうか。それは約70億人で構成される国際社会の一人として、私自身や読者の皆さんが参画して形作るべき未来だと思います。

4

日本の強みを世界に生かす発想と実践

紀谷昌彦

第３章（山形担当）では、２０００年代のＭＤＧｓを中心とする理想主義が、２０１０年代にＳＤＧｓを中心とする現実主義、一国中心主義、内向き志向に移行しているのではないかとの懸念が示されました。第４章（紀谷担当）の本論に入る前に、少し別の見方もお伝えしたいと思います。

ＭＤＧｓからＳＤＧｓへの移行をどのように評価するかは、人により様々ではないかと感じています。例えば、先進国も開発途上国も、それぞれ自国の国内の状況の改善に向けて取組を強化するように促す枠組は、開発途上国、特に中所得国の更なる自立に向けての歩みを後押しする観点からは望ましいものではないかと思います。ＳＤＧｓのような目標の達成は、開発途上国自身が（低所得国も中所得国も）「じぶんごと」と受けとめて主導すべきものであり、単に先進国に責任転嫁しても持続可能な解決にはつながりません。特に、低所得国から中所得国へ、さらに「卒業」へと向かっていく国が徐々に増える中で、国内の格差の解消は、先進国からの支援ではなく、まずもって国内資金の動員により実現すべきものです。自国の責任を強調することには、相応の理由があります。

また、先進国にとっても、自国内の解決すべき課題から取組を始めることは自然であり、国民の支持を得やすいものです。実際に日本の場合も、地方創生や環境、女性の地位など、国内で未だに多くの課題に直面しています。ＳＤＧｓ推進という大義のもとで、国民の支持を得つつ自国の課題に取り組む中で、広く国民がＳＤＧｓという世界の共通目標について勉強し、開発途上国がはるかに困難な状況に直面していることに目が向けば、課題ごとに双方の関係者が結び付き、先進国の持つ強みやノウハウを開発途上国に共有するといった流れを作っていくことができます。日本を含め先進国の国民は、何らの契機もなければ開発途上国への支援に目を向けることもないかもしれません。しかし、ＳＤＧｓという先進国も対象となるプラットフォームが存在することで、内向き志向が助長されるというより、個別具体的な課題について世界中の各国と比較し、自らの強みを認識することが可能となります。ですから、内向き志向が助長されるというよりもむしろ、その認識を通じて、自国の強みを開発途上国に生かすという行動のきっかけとなるのではないかと思います。

これらの点について、皆さんはどう考えますか？

さて、これまで一国中心主義の風潮も見られる中、日本が「開発外交」として「国益」と「世界益」が重なる分野や方法を開拓し、双方の最大化を追求してきたこと、その一方で国際社会はＳＤＧｓという共通目標とアプローチを構築してきたこと、そしてそれが世界の開発問題への取組を進めるうえで一定の課題を内在していることについて見てきました。

それでは、日本はこれから世界の開発問題の解決に向けて貢献するために、いったいどのように取り組んでいけば良いのでしょうか。この章は、私たちが日本人である強みを生かして途上国の開発問題に取り組むうえで、どのような発想でどのように実践していけば良いのかを考える、いわば「応用編」です。

第２章で述べたとおり、私（紀谷）は２０００年代初頭にワシントンＤＣの在米国日本国大使館で、ＯＤＡ改革という日本国内が取り組む課題と、ＭＤＧｓ・ＰＲＳＰ・援助効果向上・分野別イニシアティブといった世界の開発コミュニティが取り組む課題の間にあって、国益優先の「日本の顔が見える援助」か、世界益優先の「世界のベストプラクティスの援助」かの二者択一を迫られ、板挟みにあう立場に置かれました（くどいようですが、ここで繰り返して述べたのは、本当に難しい問題だったからです）。その中で悩みながら得た結論は、**「日本の顔が見える援助が、世界のベストプラクティスの援助になるよう、日本と世界がお互い切磋琢磨すれば良い」**というものでした。以下、そのための発想と実践について、私の外交官としての経験を紹介しながら一緒に考えていきたいと思います。

4−1　日本の強みを世界に生かす発想

ジャパン・アジェンダを探せ

第2章では、「世界益」と「国益」の重なる領域を拡張するための具体的な知恵と定式化こそが問われていること、「世界益」と「国益」が最大限達成できるように開発援助を実施・広報するための具体的な戦略が必要であることを述べました。その例として、ＳＤＧｓと人間の安全保障、自由で開かれたインド太平洋、質の高いインフラ、人道・開発・平和の連携について説明しました。

しかし、「世界益」と「国益」を両立させることができる具体策は、これらに限られるものではありません。そのための視座は、**「世界が直面する重要な課題について、日本が自らの強みを生かして、世界に通用する解決策を出し、皆に広めること」**というものです。ここで重要となる要素は以下のとおりです。

(1)世界が直面する重要な課題であること（日本だけが大事と思っている課題でないこと）

(2)日本が自らの強みを持っていること（日本が資金だけ求められるのではなく、人材・技術やノウハウなど独自の付加価値を提供できること）

(3)それが世界に通用するものであること（日本の強みが普遍性を持っていること）

(4)皆に広めること（独り占めせず、世界の共有財産として広く他者にも使ってもらうこと）

世界の他の先進国や援助機関と援助協調（第3章3-2節に詳述）をする際には、日本の援助政策や支援方法について説明すること、すなわち透明性が求められます。これは、説明責任という負担が増えるという意味ではデメリットですが、実はメリットでもあります。それは、日本単独で他国には理解してもらいにくい形の支援を行った場合には、人的・財政的資源が日本だけに限定されて閉じたものとなり、他の援助国・機関にその意義が十分に理解されないので、前向きな評価もスケールアップの機会も得られないからです。また、援助協調を避けると、対外説明と切磋琢磨の機会が失われるため、支援方法の改善や他のより良い支援の可能性に目が向かず、自己正当化する誘因も働いて、独りよがりなものになりがちだという問題もあります。援助を受ける側も、たいていは遠慮して日本の援助政策や支援方法についての疑問点を指摘しません。そのため、日本側の「自己満足」になっても気づかないおそれもあります。そうではなくて、当初から日本の支援を万人のためのパイロット事業のつもりで透明性の高い形で実施し、援助受入国の国内資金や他の援助国・機関の資金でスケールアップすることを視野に入れて事業を進めることが大切です。そうすれば、はるかに大きなインパクトを与える可能性が高まるのみならず、広く関心と注目を集めることができ、日本の援助が独りよがりで非効率な支援となってしまうことも予防できます。援助協調は、「世界益」と「国益」を両立させるための重要なツールなのです。

このような、**「日本の強みを世界に生かす」ことができる支援分野を、日本の開発援助の「ジャパン・アジェンダ」として重点項目と位置付けて、深掘りして質を高め、世界一のブランドに育て上げていけば、「世界益」と「国益」の最大化を図ることができる**ように思います。逆に、日本の明確な比較優位を示すことが難しい支援を行った場合、他の援助国・機関の理解と支持を得てスケールアップすることができず、費用対効果が低い非効率なものとなってしまいます。開発援助の世界は、「競争」と「協調」が同時進行しています。国際競争力の低い援助は淘汰されていきます。

ジャパン・アジェンダを中核として国際協力を行えば、日本の強みを生かしてインパクトが大きい形で世界に貢献しながら、日本の良いイメージ、存在感や評価を高めることを通じて、二国間の政治関係でも良い影響や様々な見返りも期待できます。さらに、日本の技術・ノウハウが強い分野を世界に広め、国際標準化を推進することで、日本企業の国際進出や調達にも良い影響が生まれます。日本の強みが世界の問題解決に生かされることは、日本と日本人にとっての誇りや自己実現でもあります。

あえて言えば、このような発想は日本だけに限られるものではありません。例えばアメリカやイギリスといった援助国、さらにはバングラデシュや南スーダンといった援助受入国にも、それぞれ自国が持っている強みがあり、それを生かして（援助受入国は開発途上国間の南南協力を通じて）世界に効果的に貢献することができます。世界の様々な国が、それぞれ自らの強みを生かして世界に貢献する中で、日本もその一国として役割を担うということです。

「ジャパン・アジェンダ」として位置付けることができ、これまで日本が実績を積み重ねてきた支援分野としては、第2章2-4節で例に挙げた四つ以外に、例えば以下の表4・1に掲げたものが挙げられます。このリストは、すべてを網羅しているわけではありません。日本の強みは日本全国の自治体や中小企業などにもあるでしょうし、将来出てくるかもしれません。それらの潜在性を引き出すことが重要ではないかと思います。

ここで思い起こされるのは、2000年1月に小渕恵三内閣総理大臣（当時）に提出され

表4.1　ジャパン・アジェンダの例

▪ 国際保健 特に、ユニバーサル・ヘルス・カバレッジ（UHC）、母子手帳、ポリオ対策 さらに、栄養、高齢化・介護
▪ 防災
▪ 理数科教育、教育の質、持続可能な開発のための教育（ESD）
▪ 南南協力
▪ 人材育成、特に産業人材育成
▪ 制度構築
▪ 産業政策
▪ カイゼン
▪ 法制度整備
▪ 地雷対策
▪ 廃棄物処理
▪ 連結性・回廊構想
▪ 米作（CARD）、市場志向農業（SHEP）
▪ アフリカ開発（TICAD）
▪ 開発経験・開発援助経験に関する知見（JICA 開発大学院連携）

出典：筆者（紀谷）作成

た「21世紀日本の構想」懇談会の報告書です（河合 2000）。その表題は『日本のフロンティアは日本の中にある』で、私がワシントンDCで仕事に悩んでいた時に読んで、強い印象を受けました。報告書は「はじめに」でこう述べています。

「日本人が『日本のよさ』を誇るにせよ、それは特異に閉じこもることではなく、普遍へと開かれたものでなくてはならない。そのためには、立ち止まって日本のよさをあげつらうよりは、世界の未来に向かって、全身をあげて参加することがまず大切ではないか。それによってこそ、時には矛盾に苦しむことはあっても、日本人のよさ――我々でさえ未知の潜在力を含めて――が普遍性をもつものとして磨かれるのではなかろうか。こういう態度で生きていけば、日本のフロンティアは日本の中にあることが見えてくる。」

さらに第一章でこう続けています。

「世界にすぐ役に立つモデルは存在しない。私たちは、世界の多くの例を参考にしつつ、日本の中から解決策を見出していかなければならない。そうした時、日本の中に潜む優れた資質、才能、可能性に光を当て、それを十分に活かし、開花させることが、これまで以上に重要になる。そこにこそ日本の将来のカギが潜んでいる。」

また、小宮山宏元東京大学総長は、『「課題先進国」日本：キャッチアップからフロントランナーへ』と題する著書で、日本がキャッチアップの発想を排し、フロントランナーとして環境やエネルギー、高齢化や教育といった分野で世界をリードすべきと訴えています（小宮山 2007）。小宮山はこう述べています。

「課題を先進的に抱えている国が、解決の答えを出さなければならない。実際、環境問題・エネルギー問題について、日本の取り組みはこれまでも非常に先進的であった。それは各地で手ひどい被害をこうむった公害という課題があったからこそ、それに対する答えを出してきたのだ。」「日本がいま抱えている課題は、やがて世界の課題になる。日本は、社会システムの変革まで含めた新しいモデルをつくっていくことが、世界史的な役割になると思う。それが課題先進国としてやらなければならないことである。そのことによって、日本は『課題先進国』から『課題解決先進国』に向かうことができる。日本の課題は、将来の世界の課題であるから、その課題を解決するということは、人類のこれからのモデルを提供することになるのだ。」

以上の問題意識は、日本の将来のビジョンと志の全般に関わるものであり、大いに参考にすべきものです。**日本が開発援助を行う際にも、日本の強みの中に普遍性を見出し、それを途上国支援の中で世界に生かし、広げていく、**という発想と実践が大切だと思います。

オールジャパン体制の構築

取り組むべきジャパン・アジェンダを洗い出したうえでの次の作業は、それを世界の取組に生かしていくための、オールジャパン体制の構築です。オールジャパン体制とは、その分野で人材・技術やノウハウ・知見、リソースやツールなどを持つ日本政府の関係省庁・機関、さらには企業やＮＧＯなど日本の様々な組織を包摂した協力体制を意味します。

実は、個々の組織の中での共同体の和を大切にし、組織が縦割りになりがちな日本にとって、これは必ずしも「得意科目」ではありません。あくまで一般論ではありますが、日本の組織は往々にして、それぞれの組織が重複する同じ問題を追いかけ、自分が持っているリソースやツールを使って、別々に情報収集や分析を行って対処するために、全体として非効率となってしまうことがあるからです（いわば、素人のサッカーが皆で一つのボールを追いかけるようなものです）。しかし、最初からうまく進めれば、お互いのリソースを上手く融通し合って効率化し、より大きな存在感を示すことができます。これは、日本国内（本省・本部・本社など）でも、開発途上国の現地（大使館・事務所・支店など）でも同様にあてはまります。

先に述べた「ジャパン・アジェンダ」を深め、世界に広げていくためには、まずは日本国内の関係者の知見を集約するとともに、様々なツールを組み合わせて効果的に活用することが極めて重要です。このためには、ジャパン・アジェンダのそれぞれについて、関係省庁・機関、さらには研究機関、民間企業、ＮＧＯ等にも幅広く声をかけ、どのようなノウハウがあるか、どのようなツールを活用して世界に広げられるかを洗い出し、情報と認識をしっかり共有していくことが大事です。それを基盤に、ノウハウを集約して質の高い支援を構想するとともに、様々な支援ツールを組み合わせることで、その実現を後押ししなければなりません。*1

オールジャパン体制を構築するために最も重要な鍵は、信頼関係の構築です。私自身の限られた経験ですが、例えば外務省は、関係省庁・機関の上に立ち全体を統括する首相官邸や内閣官房ではないものの、対外関係のハブとして様々な情報を持ち、一定の役割を果たします。また、海外においては日本国大使館が各国で同様の役割を果たしています。まずは外務省や大使館が率先して基本的な事実関係の情報を関係省庁・機関に共有し、関係省庁・機関にも同様の情報共有を促すことで、オールジャパン体制の前提となる事実関係の情報共有が実現できます。そうすれば、要員・資金・知恵などの支援手段・リソースの活用についても率直な議論や協力が可能となります。このように、誰かが行動を起こし、横同士で組織と組織の壁を取り払って、信頼関係に基づく持続的な協力体制を実現することで、大きな付加価値を生み出すことができるのです。もちろん、日本国内についていえば、重要な課題として首相官邸や内閣官房にリードしてもらうことができれば、さらに望ましいと思います。

オーナーシップとパートナーシップを通じたスケールアップ

オールジャパン体制を構築した後は、それを基盤に、開発途上国の政府をはじめとする関係者のオーナーシップ（主導権、主体性）を十分尊重した形で、他の援助国・機関等とのパートナーシップを積極的に推進し、彼らのリソースも動員して支援事業の規模・対象地域を拡大（スケールアップ）することを通じて、そのインパクトを高めるよう努力することが重要です。対象国内での全国展開を目指すのみならず、可能な場合には周辺国も含めた域内での展開、さらには全世界の開発途上国への展開が可能な場合もあります。

ここで特に大事なのは、**日本の強みや知見を自らにとどめることなく、広く相手国の関係者や開発パートナーと共有してスケールアップし、世界全体の開発に大きなインパクトを与えようという強い決意**です。日本流アプローチを日本が担うだけでは真剣さに欠け、独りよがりと受け取られてしまいます。

私自身の長年の実務経験からは、日本の開発援助関係者にとって、この「パートナーシッ

＊１　平和構築・人道支援・災害救援分野でのオールジャパン連携による取組について、上杉他編（２０１６）が詳細に分析しています。

プを通じたスケールアップへの執念」を持つことが、最も難しいように思います。スケールアップの方法が定型化されていないことに加え、個別のプロジェクトの実施や評価の中で、難度が高い課題として、敢えて視野の外に置かれてしまうことが原因かもしれません。

個別のプロジェクトを実施する際に、途上国側のカウンターパート（協力担当者）に寄り添い、いろいろアドバイスをしながら彼らの意欲を高め、施設整備・機材供与や人材育成をしながら一定の成功につなげることは、欧米諸国から自ら学んで発展してきた経験を持ち、途上国の気持ちがわかる日本の「得意科目」です。ただし、リスクを恐れてこぢんまりとまとめ、単独のプロジェクト・レベルの成功で終わらせるのではなく、それを果敢に全国に広げ、資金調達や人材育成の仕組みを考えて実行していくためには、相手国の政治家や、資金力を持つ世界銀行等の国際機関や他の援助国との対話や連携が不可欠です。

逆に、あくまで一般論ではありますが、援助する日本人が自ら手をかけ過ぎて精緻過ぎるモデルを作り、相手国政府が人材・資金など様々な制約のもとでスケールアップするには不適当なものになってしまうこと、そして日本の色やこだわりを押し出し過ぎて他の援助国・機関の意見に耳を傾けず、彼らにとって協力するメリットが感じられないものになってしまうことは、避けなければいけません。

このようなスケールアップを目指す際に、**自らの取組を理論武装することは効果的**です。[*2]

私がワシントンDCの日本国大使館に勤務していた時、他の援助国・機関が分野別のイニシアティブを打ち出す際に、そのアプローチを裏付けるようなリサーチ・ペーパーが多々出されていました。日本の場合は、自らのイニシアティブについて、英語のリサーチ・ペーパーで理論武装するところまでは、なかなか手が回らなかったように思います。それでも、日本の開発援助アプローチを学術的な研究により理論武装する取組は、近年JICA研究所を中心に進んでいます。特に、2016年にJICA研究所が英語で出版した『日本の開発援助：対外援助とポスト2015アジェンダ』と題する学術書は、海外の高名な研究者も編者に加わって、日本の開発援助アプローチの強みを包括的に説明するものであり、2000年代初頭に歯がゆい思いをしていた私にとっては感慨深いものでした（Kato, Page, and Shimo-

＊2　黒崎・大塚（2015）は、「スマート・ドナー」という概念を打ち出し、それは「日本がトップ・ドナーの地位に再び戻ることが短期的に難しい中、スマートなドナーとして国際開発協力を率いていくことが必要だとの認識に基づくものである」、「国際開発支援に携わる他の国々や国際機関に日本発のアイディアを売り込むには、明確なビジョン（開発戦略）と科学的な裏づけ（エビデンス）が必要である」と述べています（同書7ページ）。また、「普通のドナーの1つとなった日本は、戦略的に国際的援助協調に参加する必要がある」とも指摘しています（同書327ページ）。

図4.1　日本の強みを世界に生かす発想

mura eds. 2016)。

日本の存在自体を国際公共財に

日本が、自らの強みを生かせる「ジャパン・アジェンダ」を特定してオールジャパン体制を構築し、その分野でオーナーシップを尊重しながらパートナーシップを構築し、スケールアップして開発インパクトを高めていけば、開発途上国と援助国・機関の双方から高く評価されます（図4・1）。これは、日本にとっての大きな資産になり、政治的・経済的な利益、さらには安全保障上の利益にもつながります。

理想を言えば、日本という国が、個々の「ジャパン・アジェンダ」の専門分野を深め、世界の開発問題全般への回答を生み出すためのハブや触媒としての役割を果たすことで、世界から「国際公共財」と認識されるようになることが望ましいと思います。日本は、自らの開発経験、アジアの開発援助経験という基盤を有するのみならず、先に述べたような様々な分野での技術面での強みがあるので、個々の「ジャパン・アジェンダ」には、広がりも深さもあります。これをより良いものにしていくことで、世界の多くの国に利益をもたらす「世界益」に貢献し評価されれば、各国から様々な見返りも得られるという「国益」にもつながります。実際に、例えばユニバーサル・ヘルス・カバレッジ（UHC）[*3]や防災といった分野のイニシアティブを通じて、あるいはアフリカに関する国際会議を他の国際機関と共催することを通じて[*4]、目に見える成果を示しています。

少し理想論に過ぎるかもしれませんが、「世界益」に貢献し評価されることを通じて「国益」も増進し、国民の理解を得るという好循環を導くこと、それにより日本が「モラル・ハイグラウンド（道義的優位、尊敬される地位）」を獲得していくことこそ、「世界益」と「国益」の同時実現のための王道ではないかと思います。

＊3　本章4-2節の「国際保健の前線」をご参照ください。
＊4　本章4-2節の「アフリカ開発会議（TICAD）の前線」をご参照ください。

4－2　日本の強みを世界に生かす実践

以上のような発想は、私自身、これまで「開発外交」の前線で、いくつかの国や分野への取組を実践する中で培ってきたものです。抽象論・一般論でなく具体的な課題に直面する中で、「開発」と「外交」の接点でどのように「世界益」と「国益」の双方の最大化に向けての行動・実践を試みてきたか、参考事例として紹介させていただきます。

ここで思い出すのは、20年近く前のワシントンＤＣ在勤時に、来訪した外務省の上司から受けたアドバイスです。前線で感じた外務省の開発協力政策の課題について、若手の跳ね上がり（?）としてあれこれと提言を申し述べたのに対し、その上司から、「意見具申を行う際には、それを実現するために自分自身が具体的にやっていることをきちんと付言して、初めて説得力のあるものになる。君は、今言った提言について、具体的に何をやっているのか。」と指摘されたことが、深く心に残っています。あるべき政策は、他者に訴えるだけでなく、そのために自分ができることをまず実行し、具体的な成果を示すことから始めるのが大事だと思います。

ワシントンDCの前線：ワシントンDC開発フォーラムの立ち上げ

２０００年、私はワシントンＤＣの日本国大使館経済班に開発問題担当の書記官として赴任しました。当時、外務省入省13年目の35歳でした。仕事を始めて間もなく気づいたことは二つありました。その一つは、日本国内ではバブル崩壊後の厳しい経済・財政状況の中でＯＤＡの削減圧力が高まり、「日本の顔が見える援助」を重視するＯＤＡ改革が進められる一方で、国際社会はミレニアム開発目標（ＭＤＧｓ）の実現に向けて、関係者が一体となって援助協調による効率・効果向上を推進していこうという、いわば正反対の潮流があったことです。もう一つは、ワシントンＤＣは国際金融・開発の首都とも呼べるような都市で、大使館の経済班・財務班のみならず、国際通貨基金（ＩＭＦ）、世界銀行、米州開発銀行（ＩＤＢ）事務局や日本理事室、ＪＩＣＡ、ＪＢＩＣの米国事務所[*5]、さらにはシンクタンク、国際ＮＧＯや大学で、多数の日本人が開発問題の様々な分野を担当・研究しているものの、当時は相互の交流の機会が極めて少なかったことです。

そこで、２００１年秋に「ＯＤＡ改革ランチ」という昼食持ち寄りのセミナー（Brown Bag Lunch：ＢＢＬ[*6]）を、幅広い組織からの参加を得て開始しました。それを基盤に、２００２年3月に「ワシントンＤＣ開発フォーラム」を、組織横断的な十数名の有志により立ち上げました。このフォーラムは、途上国開発支援の分野における世界と日本の取組の橋渡しを大きな目標とし、さらに様々な途上国開発支援の関係者が、組織や場所の制約を超えて情報と知見、情熱と気概を共有し深化させることを目指すものでした。具体的には、ＢＢＬの開催を中核に、メーリングリスト・メールマガジン・ウェブサイトを通じてワシントンＤＣでの開発問題に関する最新動向を日本語で世界中の開発関係者に発信する活動を行いました。当時、ワシントンＤＣにある幅広い組織に所属する日本の開発関係者が様々なテーマで発表を行ってオールジャパン（様々な組織に属する日本人関係者）で議論し、詳細な議事録を作成して速やかにメーリングリストで配信し、ウェブサイトに掲載しました。また、隔週発行のメールマガジンで、国際開発に関する世界中の最新動向の情報・リンクをとりまとめて配信しました。さらに、日本の政策研究大学院大学（ＧＲＩＰＳ）開発フォーラムと協力して議事録を冊子にして日本で配布し、国際協力業界誌の『国際開発ジャーナル』と連携して連載コラムを組むといった取組も行いました。一連の活動は、世界と日本の開発問題に関する認識の差を埋めるのに大いに役立ったのではないかと思います。

特に、２００３年のＯＤＡ大綱の策定に際しては、ワシントンＤＣでＢＢＬやメーリングリストを通じて活発な議論を行い、その結果を取りまとめて公表・提出しました。その他、ＭＤＧｓ、ＰＲＳＰ、債務問題、人間の安全保障、紛争と開発、教育支援、アフリカ支援、ＮＧＯ連携、援助協調といった幅広いテーマについて、具体的な政策提言も含めて議論・発

写真 4.1　ワシントン DC にある米国開発援助庁（USAID）本部

（撮影：紀谷昌彦）

＊5　ＪＢＩＣ（国際協力銀行）は１９９９年10月に設立され、この当時は旧日本輸出入銀行（輸銀）の輸出金融・投資金融等と、旧海外経済協力基金（ＯＥＣＦ）の有償資金協力（円借款）等の双方を所掌していました。その後、２００８年10月に旧ＯＥＣＦの有償資金協力等業務はＪＩＣＡ（国際協力機構）に引き継がれ、ＪＢＩＣ（旧輸銀業務を所掌）は日本政策金融公庫の国際金融部門となりました。さらに、２０１２年４月にはＪＢＩＣとして独立した組織となりました。

＊6　アメリカではランチが茶色の紙袋に入れて販売されることが多いので、昼食持ち寄りのセミナーが Brown Bag Lunch と呼ばれています。

信を行いました。[*7]

ワシントンDC開発フォーラムは、発足後17年を経た今も、現在の諸幹事によりBBLやメールマガジンをはじめとする活動を継続しています。また、ワシントンDC開発フォーラムに呼応する形で、ニューヨークでは2004年10月に有志により「ニューヨーク国連フォーラム」が立ち上がり、2005年10月に世界中を対象とすべく「国連フォーラム」に改名して、現在も活動を継続しています。

開発問題や国際機関に関心のある方は、ぜひウェブサイトを確認し、メーリングリスト・メールマガジンにご登録ください。[*8]

バングラデシュの前線：現地ODAタスクフォースの強化

次の任地のバングラデシュは、2003年に赴任した当時は典型的な開発途上国でした。1億人以上の国民が、貧困・保健・教育をはじめとする様々な課題に直面しており、それに対して様々な援助国や国際機関、国際NGOが取り組んでいて、さながら開発援助の「見本市」「実験場」のような様子でした。日本からも、大使館、JICA、JBICやNGO、青年海外協力隊をはじめ、様々な組織や関係者が現地で活動を行っていました。私は大使館の経済協力班長として仕事を始めました。

オールジャパンの取組を進めるために、「バングラデシュ・モデル」という体制が既に立ち上げられており、私はそれを引き継ぎました。開発援助は道路・電力などインフラの建設から保健・教育など社会サービスの提供まで様々な分野を対象としていますが、それぞれの組織が別々にすべての分野に取り組んでいては非効率です。このため、日本国大使館、ＪＩＣＡ、ＪＢＩＣ、そして後に加わったＪＥＴＲＯ（日本貿易振興機構）の４政府関係機関が一緒になって「４Ｊ」体制を構築しました。重点分野毎に組織横断的なセクターチームを編成し、各々のチームのリーダーは、その分野で最も貢献し専門性を持っている担当者が務めます。それぞれのチームは共同で担当重点分野の課題を分析して援助方針を作成し、各組織が持っている支援ツール（有償資金協力、無償資金協力、技術協力など）をすべて組み合わせ

＊７　当時の一連の提言は、ＧＲＩＰＳ開発フォーラムの Policy Minutes No. 1-7, No. 11-17にまとめられています。http://www.grips.ac.jp/forum/newpage2008/publications.htm#PolicyMinutes

＊８　ワシントンＤＣ開発フォーラムは　http://www.devforum.jp/　に、国連フォーラムは　http://www.unforum.org/　に関連情報が掲載されています。

て支援を実施しました。さらに、それを「見える化」して中期的に管理すべく、国別援助計画（図4・2参照）の一部として複数年度の事業展開計画（ローリングプラン）も作成しました。当時のセクターチームは、サブセクターまで含めると全12チームありました。

各セクターチームは、すべての組織の要員と支援ツールを動員し、大きな裁量を持って支援事業を行い、大変頼もしく活動していました。例えば、当時クリーンダッカ・プロジェクトの開始に尽力したJICA出身の環境セクターチームリーダーは、その後も同プロジェクトに携わり、成果を本として出版しています（石井・眞田 2017）。[*9]

このようなバングラデシュでの取組は、先に述べたODA改革の一環として取り上げられ、当地の外務本省経済協力局の現地機能強化班が中心となって定式化する作業を行い、「現地ODAタスクフォース」「国別開発協力方針」「事業展開計画」として全世界の途上国で実施されることとなりました。これらは現在も活用されています。[*10]

さらに、この体制を基盤に、バングラデシュ政府の貧困削減戦略（PRSP）に沿った形で、世界銀行・アジア開発銀行・イギリス・日本の4主要援助国・機関で共通国別援助戦略を作成し、相互に連携するといった取組も進めました。

バングラデシュで特に感じたことは、現地政府の指導者、関係機関やコミュニティを支え、他の援助関係者と連携しながら開発援助を効果的に進めるためには、結局のところ、現

図4.2　対バングラデシュ国別援助計画の全体像

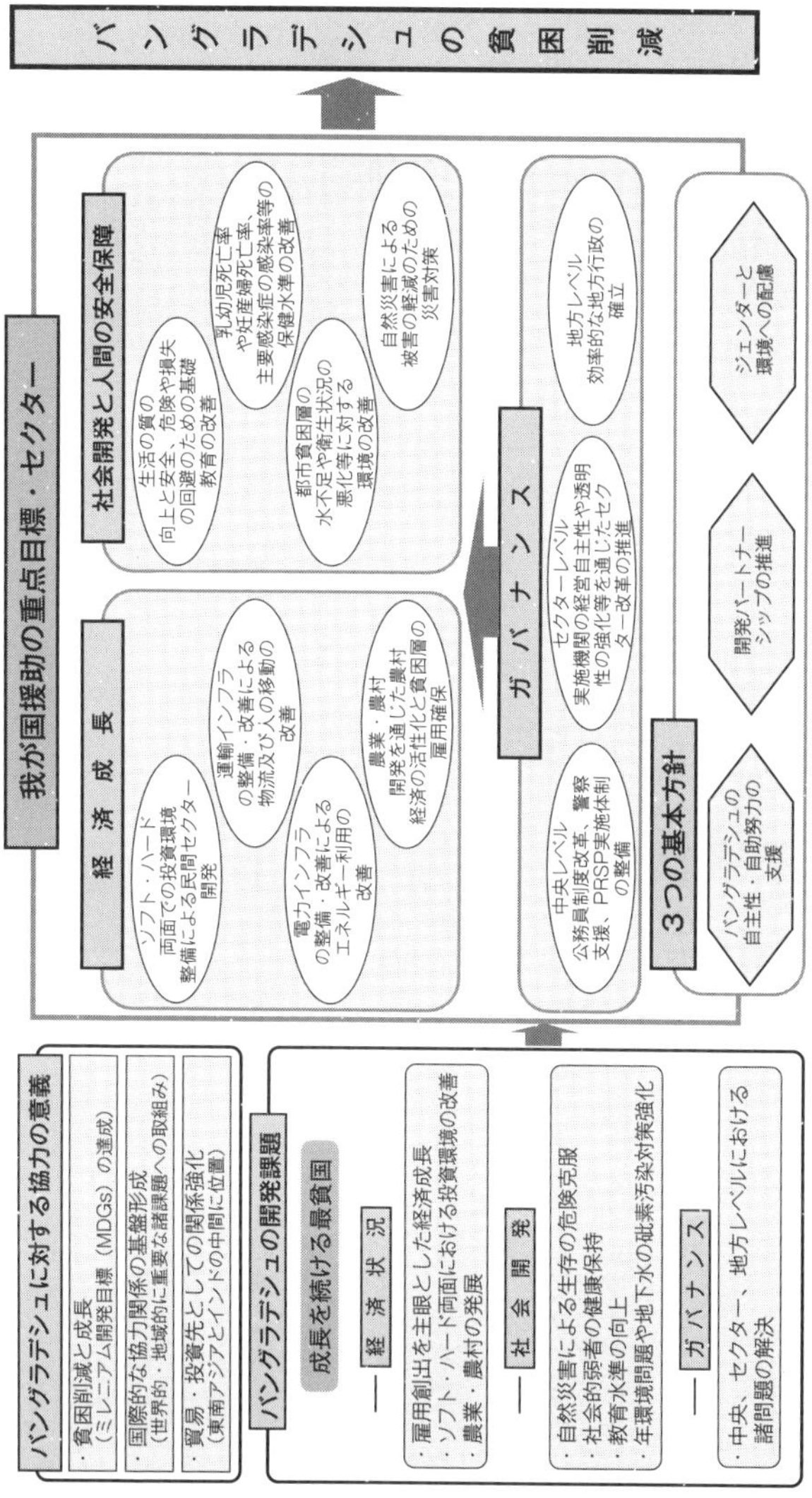

出典：紀谷（2007）49ページ

地に駐在している日本側の担当者に広範な裁量を与え、その意欲を高めるとともに能力を強化することが重要ということです。もちろん、有償資金協力、無償資金協力、技術協力など様々な援助を行うためには、霞が関の外務本省やＪＩＣＡをはじめ東京の関係者が最終決定し、定められた手続をとることは必要です。しかし、援助受入国の政府や人々自身による自助努力の取組も、それに寄り添った各種支援の活動も、現地で行われています。

「事件は会議室で起きているんじゃない。現場で起きているんだ！」と、映画『踊る大捜査線』の主人公を演じた織田裕二は叫びました。まさに「真実は現場にあり」「現場に行け」といった知恵は正しいと思います。「世界益」「国益」の双方の観点から開発援助の質を高めるうえで、まず考えなければならないのは、日本が各分野で、いかに顔が見え、存在感のある形で、インパクトのある支援を現場で実現するのか、そのために現地の活動をどうすれば改善できるか、ということです。そのような場では、「世界益」と「国益」の対立やゼロサム関係というよりも、むしろ開発途上国の国毎の前線における「効果的なマネジメントの実現」、特に日本の援助関係者の人材の育成と配置こそが最大の課題となります。私たちは、このような実情を十分念頭におかなければなりません。[*11]

南スーダンの前線：人道・開発・平和構築支援の効果向上

２００６年にバングラデシュを離任した後、私は霞が関の外務本省に戻って国連ＰＫＯ、国連総会や国連行財政を担当し、さらに防衛省地方協力局への出向、在ベルギー日本国大使館のＮＡＴＯ担当班長への配属と、開発問題からはしばらく遠ざかっていました。しかし、10年近く経った２０１５年3月に、駐南スーダン日本国大使として発令されて、久しぶりに開発途上国の前線に戻ることとなりました。

当時、南スーダンの国連ＰＫＯには自衛隊の施設部隊と司令部要員が派遣されていまし

＊9　２００３年のダッカ市廃棄物管理計画調査（マスタープラン調査）開始から２０１３年のダッカ市廃棄物管理能力強化プロジェクト（クリーンダッカ・プロジェクト）終了まで、ＪＩＣＡを中心に技術協力・無償資金協力・ＪＩＣＡボランティア・債務削減相当資金を組み合わせて実施した日本の支援事業。

＊10　現地ＯＤＡタスクフォースの概要と、各国毎の国別開発協力方針・事業展開計画は、外務省ＯＤＡホームページにそれぞれ掲載されています。

＊11　日本に帰ってから、バングラデシュでの経験と教訓をペーパーにまとめました（紀谷　２００７）。もしご関心がありましたらご覧いただければ幸いです。

た。また、約1200万人いる国民の3分の1以上が難民・国内避難民となり、世界最大級の人道危機が進行中でした。

現地では、南スーダン側の関係者には政府のみならず市民社会やNGO、非主流派勢力もおり、それぞれ距離感を考えながら対応する必要がありました。また、援助の手を差し伸べる側も、欧米・アフリカ等諸国、国連PKOや各種国際機関・地域機関、赤十字国際委員会や国際NGOなど多種多様で、それぞれが自らの考えを持ち、様々なイニシアティブを打ち出しながら動いています。このように幅広いアクターがいる中で、日本が南スーダンの人道・開発・平和構築という「世界益」に貢献しながら、日本にとっても望ましい「国益」を実現するにはどうすれば良いのかを考えました。やはり、先に述べたとおり、「ジャパン・アジェンダ」で効果的に貢献できるオールジャパン体制を構築し、オーナーシップを尊重しながらパートナーシップを推進することが重要と考え、早速実行に移しました。

まず、外に飛び出す前にやらなければならないのは、日本としての力をまとめ、リソースを集めて力を発揮すべく、オールジャパン体制をつくることです。自衛隊・JICA・NGOなど日本の諸組織や国際機関等に所属する日本人は、それぞれ所属先に対する説明責任を果たす必要があり、大使館の方を見ているわけではありませんが、様々な情報やツールを持っています。

写真4.2　南スーダン現地ODA-PKOタスクフォース

（撮影：在南スーダン日本国大使館、2015年6月24日）

大使館は、政治的な働きかけをするための政府関係者等とのネットワークや、小規模の無償援助（草の根・人間の安全保障無償資金協力）といった自らのツールを持っています。大使館の一つの大きな役割は、このような日本の諸組織や日本人を結び付ける「招集者／会議の議長（convener）」としての役割です。誰かが声をかけてまとめた方が良い場合でも、正当性があるところが声をかけないと動きづらいものです。この権限をいかに効果的に使うかが、大使館の成果を左右することになります。

当時、南スーダンには自衛隊が派遣されていたので、「現地ＯＤＡタスクフォース」でなく**「現地ODA-PKOタスクフォース」**として会合を開催し、自衛隊やＪＩＣＡとの連携をこの場で進めました（写真４・２）。大切なのは、大使館が上に立つことなく、ネットワーク型で運営していくことです。誰でも皆、自分がやりたいことをやるときに一番力が出るものです。考え方に違いはあっても、まずはそれぞれやりたいことをやってもらいつつ、大使館はそれらのサポート役に徹し、必要な時には膝詰めで対等な立場で説得する方が、結局は日本のチーム全体の力を発揮できます。そして、連携することに関して、それぞれにメリットを感じてもらうようにすることも大事です。南スーダンの場合は、①事業、②広報、③安全対策の3点について、情報共有と連携のメリットを各組織に感じてもらうことができたのではないかと思います。さらに、日本のNGO関係者や国際機関邦人職員も参加する「拡大現地ODA－PKOタスクフォース」会合も開催しました。

一番の要となるのは情報共有です。事実関係の情報は、手元に留めておいてその情報を取りに来させるのではなく、率先して情報共有することで共通認識の基盤を作るべきです。さらにそれも踏まえての大使館の考え方も伝達すれば、各組織が大使館の方針も踏まえて自律的な意思決定ができるようになります。当時の南スーダンでは大使館の人員が少なく、援助国・機関の意見調整会合に出席して援助協調を行うためには猫の手も借りたい状況でした。例えば、そういった会合に大使館の担当者が出席できず、JICA職員しか出席できない場合には、通常は事業実施を担当し、日本代表としての意思表明等をすることが想定されていないＪＩＣＡ職員であっても、あらかじめ大使館とも十分に意思疎通したうえで、日本代表として出席してもらった方が有意義であることがありました。

ただし、オールジャパン体制は、あくまで手段に過ぎないことを強調しておきたいと思います。大切なのは何をやるか、すなわち「ジャパン・アジェンダ」です。南スーダンの場合、「国際社会との協調のもとで、南スーダンの自立・自助努力をいかに側面支援していくのか、南スーダンのオーナーシップをいかに発揮させていくのか」という日本側の姿勢が最も重要で、高く評価されました。その姿勢を具体化する形で、制度構築・能力構築、人材育成、質の高いインフラ、人間の安全保障、人道・開発・平和の連携といった個別のテーマの実現に向けて、皆で取り組んでいきました。

次に、南スーダンのオーナーシップと、援助国・機関とのパートナーシップを通じたスケールアップです。南スーダンの場合、オーナーシップといっても、資金まで自力で工面してもらうことまではあまり期待できませんが、自ら平和実現に向けて努力してもらうことは極めて大事です。まず日本側が南スーダン側の意見に耳を傾けることを優先し、大変喜んでもらえました。大抵の場合、援助国・機関は開発援助として実施したいことがあらかじめ決まっていて、あれこれ指示や説教をすることが多いものです。そういった傾向とは一線を画し、最初に南スーダン人の側に自由に意見を言ってもらうこと、思いのたけを語ってもらうことで、「日本とは一緒にやっていけるな」と思ってもらうことが大切です。また、良いリーダーを見つけることも重要です。**途上国支援では、まず良いリーダーを見つけること、そしてその人を支援することで、多くの場合うまく行くものです。**ただし、南スーダンの場合には、国際社会の要請に応えることとの重要性をしっかりと伝えることも大切でした。結局のところ、ある程度のリスクは覚悟して自主性を尊重しつつも、必要に応じて親身のアドバイスを行い、最終的にはうまくいくように確保することが、一番感謝されたと感じています。

援助国・機関とのパートナーシップについては、特に国際機関連携支援予算を効果的に活用することで、大きなインパクトを出すことができました。当時、アメリカやEU、イギリス、ドイツといった国から南スーダンへの支援は、金額で見ると日本の二倍以上の規模になりました。したがって、これらの国々と同様の手法で支援すれば、インパクトはこれらの援助国の半分以下になってしまいます。そこで一計を案じ、重要な援助ニーズが存在するものの、まだ十分な支援を受けていない様々な分野の初期投資を、少額でも他の援助国・機関に先駆けて行うことを試みました。私はこれを、「選択と集中」の逆を行く「細切れ作戦」と呼んでいました。このやり方で、南スーダン側のそれぞれのカウンターパートの閣僚や幹部のやる気を引き出したうえで、欧米諸国やアフリカ開発銀行など他の資金の投入も促してスケールアップを図ることで、存在感とインパクトを高めることができました。

2年半の在勤期間中、試行錯誤を積み重ねる中で感じたのは、①日本の支援は工夫次第で費用対効果の高いインパクトを出すことができる、②ただし、これまでは欧米の支援に比べて金額は相当少ないことから影響力は限定されていて、今後支援額を増やせばさらに大きなインパクトにつなげられる、ということです。開発の実現という「世界益」にせよ、外交的なメリットも含めた「国益」にせよ、ODAというインプットだけで実現できるわけではありません。ただし、途上国の現地で、援助関係者がODAを有効に活用することで、初めて可能になるものです。変化の呼び水となるODAがなければ、そもそも話が始まらない、貴重な機会が失われてしまう、という場合も多々あります。

途上国現地の状況は常に変わり得るものです。また、相手のある話なので、相手の事情による不確実性はあります。それでも、途上国現地にいる関係者の力を最大限に活用することで、ODAは「世界益」と「国益」を増進するために大いに活かせるものと感じました。南スーダンの現場でこれをどの程度実現できたか、皆様のご判断を仰ぎたいと思います[*12]。

＊12　現地での経験と教訓は、紀谷（2019a）に新書の形でまとめました。ご関心がありましたらご一読ください。

アフリカ開発会議（TICAD）の前線：アフリカビジネス推進のための官民連携

私は2017年9月に帰国した後、外務本省でアフリカ部・国際協力局参事官として、主にアフリカ諸国の政治・経済・開発協力を担当することになりました。2018年の夏からは、国際保健、緊急・人道支援、NGO連携支援についても担当しています。仕事の多くは、国会議員、関係省庁、メディア、企業、NGO関係者に対して、日本のODAの意義と必要性に対して説明するという役回りで、途上国現地とは別の立場から、ODAと国益の関係について日々考えさせられています。その中でも、2019年8月に開催される第7回アフリカ開発会議（TICAD7）の準備が今の仕事の中心です。

アフリカ開発会議（TICAD）は、東西冷戦の終了後、アフリカの開発問題に対する国際社会の関心を高めるため、1993年に日本が主導する国際会議として始まりました。[*13] その後も5年毎に日本で開催され、5回目となる2013年には横浜でTICADⅤが開催されました。その後は3年毎にアフリカと日本の交互で開催されることとなり、2016年のケニア・ナイロビでのTICADⅥを経て、2019年8月に横浜でTICAD7が開催される予定です。

アフリカは、日本の外交の「国益」にとって、①国際社会における政治力、②経済と資源の潜在性、③グローバルな課題への貢献という3つの意味で重要です。そして第2章で述べたとおり、開発という「世界益」達成のためにも、アフリカは最も大きな課題に直面しています。ＴＩＣＡＤプロセスは、日本が首脳レベルでアフリカ諸国をはじめ各種国際機関や他の援助国も参加する国際会議を主導して、アフリカの開発に貢献することでアフリカ各国との関係を強化できる、日本の対アフリカ外交の基軸としての役割を果たしてきました。[*14]

しかし近年、アフリカを巡る状況は大きく変わっています。第一に、アフリカ経済の発展です。以前は、アフリカといえば紛争、貧困、累積債務、汚職といった深刻な課題に悩む「負のイメージ」がつきまとっていました。しかし、２０００年頃から経済の発展を背景に「成長の大陸」、「興隆するアフリカ（Africa Rising）」という認識が広まり、今やアフリカは「新興国を含む多様性に富む大陸」と見なされるようになっています。そのため、援助よりも貿易・投資といった民間部門の役割が大きくなっています。アフリカ連合（African Un-

＊13　初期の取組については、小和田（２００３）、Ishikawa（1999）を参照ください。また、最近までの流れについては、高橋（２０１７）が簡潔にまとめるとともに分析を行っており参考になります。

＊14　日本の多国間外交にとってのアフリカの意義については、岡村（２０１８）が様々な観点から分析しています。

ion：ＡＵ）も、ＳＤＧｓに先立ってのアフリカの目標であるアジェンダ２０６３の採択[*15]、汎アフリカ自由貿易協定の発効、ＡＵ改革の推進など新たな動きを見せています[*16]。第二に、国際社会のアフリカに対する関心の高まりです。以前は、東西冷戦の終結でアフリカを巡る競争や関心が低下した中で、日本がＴＩＣＡＤを開始してアフリカ開発への関心を高めた指導力は大いに感謝されました。しかし、その後中国、ＥＵ、インド、アメリカ等も同様のパートナーシップ・フォーラムを開催するようになり、ＡＵも強化されて、ＴＩＣＡＤの希少価値は減少しました。そのような中で、アフリカや国際社会から、ＴＩＣＡＤの意義と付加価値は何かが厳しく問われるようになってきました。

そこで、ＴＩＣＡＤ７では、アフリカの最新状況を踏まえて、ビジネスとイノベーションを通じた開発の実現を中核に据えるべく、準備を進めています。ＴＩＣＡＤプロセスにおけるビジネスへの関心は、既に２００８年の横浜ＴＩＣＡＤⅣから見られ、２０１３年の横浜ＴＩＣＡＤⅤ、２０１６年のナイロビＴＩＣＡＤⅥでも徐々に高まってきました。今や、アフリカ諸国の多くは、民間投資を通じた経済・社会開発の可能性への期待を高めています。日本にとっても、ＯＤＡに限りがある中で、日本企業の進出を推進することは、日本企業の利益と市場・資源を確保するためにも、アフリカ諸国の期待に応えて政治関係を強化するためにも、最重要の課題となっています。

２０１９年４月、ＴＩＣＡＤ７官民円卓会議の民間からの提言書が、民間側の共同議長から安倍晋三内閣総理大臣に手交され、官民連携を一層強化するための常設の「アフリカビジネス官民協議会（仮称）」の設立、「二国間ビジネス環境改善委員会（仮称）」の設置、および「ＡＢＥイニシアティブ」[*17]の継続・拡充等についての要望が表明されました。[*18]安倍総理からは、この提言書を踏まえ、日本企業のアフリカ進出を後押しするとともに、人材育成や技術

＊15　アジェンダ２０６３とは、アフリカ連合（ＡＵ）の前身であるアフリカ統一機構（ＯＡＵ）の設立50周年となる２０１３年の機会に策定が決定された、今後50年を見据えたアフリカの統合と開発の大綱です。

＊16　アフリカの最新の動向について、アフリカ人留学生の視点や各種コラムで紹介している本として、山田編（２０１９）は有益です。

＊17　アフリカの若者のための産業人材育成イニシアティブ（African Business Education Initiative for Youth）の略称です。

＊18　ＴＩＣＡＤ７官民円卓会議の民間側提言は、外務省ＴＩＣＡＤ７ホームページに掲載されています。この提言を受けて、２０１９年６月に、外務大臣・経済産業大臣・民間代表３名の計５名を共同議長とする「アフリカビジネス協議会」が設立されました。

移転などアフリカの地域の発展にもつながる日本らしい取組を、官民連携を通じて促進し、ＴＩＣＡＤ７をビジネスＴＩＣＡＤとして成功させたいと述べました。この提言書を基盤に、アフリカビジネスを官民連携でどのように推進できれば、「国益」と「世界益」の双方を達成することができます。

また、ＴＩＣＡＤは発足当初から国連や世界銀行等と共催し、その後ＡＵも共催者に加わって、幅広い関係者が参画する国際会議として運営されてきました。日本が定期的に主催する国際会議としてはＴＩＣＡＤが最大であり、開発分野では唯一のものです。他国のパートナーシップ・フォーラムと差別化する形で、イノベーションなど最新の課題やアジア・アフリカ協力など日本に強みのあるテーマを取り上げ、ハイレベルの関係者の参加を得て議論を深めることで、いわばアフリカ開発の「ダボス会議[*19]」としての付加価値を維持・強化できるものと思います。

国際保健の前線：ユニバーサル・ヘルス・カバレッジ（ＵＨＣ）の推進

開発問題の中で、開発途上国の人々の保健水準の向上は最も重要な課題の一つです。私自身、ワシントンＤＣに在勤していた２００３年に、カナダのオタワで開催された保健ＭＤＧｓ会合に出席したのが初めての接点でした。２０１８年の夏から外務本省で国際保健を担当し、国際的な取組の中で、日本の貢献を推進しています。

最初に申し上げたいことは、グローバル化が進む中で、感染症をはじめとする世界の保健分野の問題は日本自身の問題でもあり、「世界益」と「国益」が直結する重要な課題であることです[*20]。そしてもう一つ強調したいのは、日本がこの分野で大きな貢献をしてきたということです。このことについて、日本は本当に胸を張って良いと思いますし、だからこそ、保健分野における日本の貢献の実績とそれに対する高い評価という財産を大切にすべきだと感じています。

２０００年７月のＧ８九州・沖縄サミット[*21]では、感染症を主要議題として取り上げました。そして、ＨＩＶ／エイズ、結核およびマラリア等の感染症の問題について、具体的目標

＊19　非営利団体である世界経済フォーラムが毎年1月にスイスのダボスで開催している会議を指します。この会議には政界、実業界のリーダーが数多く出席します。

＊20　感染症の問題の重要性、特に主要な感染症が、歴史の中で世界と日本にどのようなインパクトを与えてきたかについては、加藤（２０１３、２０１８）にわかりやすく説明されています。

＊21　九州・沖縄で開催された先進8カ国首脳会議を指します。

値を掲げ、パートナーシップを強化することで合意しました。さらに日本は、世界の感染症問題の解決に向けて、その後5年間で総額30億ドル規模の支援を行うという「沖縄感染症対策イニシアティブ」を公表し、他のG8の国々にも強い働きかけを行いました。同年12月には、このパートナーシップ強化を具体化するための「感染症対策沖縄国際会議」を開催しています。そして、このような貢献が、2002年1月の「世界エイズ・結核・マラリア対策基金」（通称グローバルファンド）の設立につながり、日本はグローバルファンドの「生みの親」と呼ばれるようになりました。このグローバルファンドにより、エイズ・結核・マラリアの三大感染症対策に莫大な資金の投入と効果的な活用が可能となり、その後15年間で2000万人以上の人の命を救い、数億人の感染を防ぐことができたのです。

九州・沖縄からサミットが一巡した2008年のG8北海道洞爺湖サミットで、日本は新たな問題提起を行いました。というのは、それまで推進してきたエイズ、結核、マラリアといった疾患別のアプローチだけでは取組として不十分であり、疾病横断的な保健システム強化が必要だ、という考え方を提唱したのです。その後、この考えを実行に移すため、2005年に世界保健機関（WHO）が推進を決めていた「ユニバーサル・ヘルス・カバレッジ（UHC）」という概念を、日本として積極的に打ち出すことにしました。UHCとは、すべての人々が、負担可能なコストで、予防を含む適切な医療にアクセス可能であることを意味しています。そして、2015年のSDGs採択に向けての議論の中で、UHCを政策目標として掲げることについて世界的なコンセンサスができ、UHCはSDGsの中の具体的なターゲットの一つ[*22]として盛り込まれることになったのです。

2016年のG7伊勢志摩サミットは、UHCがSDGsとして採択された後に行われた最初のG7サミットでした[*23]。また、エボラ出血熱が西アフリカの三カ国で大流行し、大きな国際的な課題になっていました。これらを受けて、日本はG7議長国として、この危険な感染症に関わる危機管理のシステム構築とUHCの達成を二本柱とした戦略的枠組を提言しました[*24]。特に、感染症の危機管理に向けた準備や予防というのはUHCを達成するためのプロセスの一つになるという点で、二本の柱は深く関連付けられていました。また、日本の指導

＊22　SDG3.8をご参照ください。
＊23　2014年のロシアによるクリミア併合を契機に、ロシアは先進国首脳会議から追われ、それ以降先進国首脳会議はロシアを除く7カ国とEUで開催されています。
＊24　安倍晋三内閣総理大臣は、G7伊勢志摩サミットに先立つ2015年12月に、*The Lancet* という世界的に評価の高い医学雑誌への寄稿で日本の立場を発信しています。Abe（2015）をご参照ください。

写真4.3　UHCフォーラム2017（2017年12月）

（出典：首相官邸ホームページ。https://www.kantei.go.jp/jp/98_abe/statement/2017/index.html）

力を裏付けるものとして、国際保健分野での約11億ドルの資金協力を約束しました。この資金は、前述のグローバルファンド（三大疾病・保健システム強化）のほか、Ｇａｖｉ（ワクチン）[25]、GHIT Fund（研究開発）[26]、ＷＨＯ（公衆衛生危機）、世界銀行（同）に向けられたものです。

そして、２０１７年12月には東京で「ＵＨＣフォーラム２０１７」を開催し、アントニオ・グテーレス国連事務総長をはじめ、ＷＨＯ、世界銀行、国連児童基金（ＵＮＩＣＥＦ）、Ｇａｖｉのトップの出席を得て、ＵＨＣへの取組を加速化するための機運を高めました（写真４・３）[27]。さらに、２０１８年４月にはワシントンＤＣで世界銀行・ＷＨＯ・日本が

ＵＨＣに関する財務大臣会合を共催し、各国財務大臣と保健大臣の連携、ＵＨＣの財源確保、健全で持続可能な保健財政システムの確立への重要性を確認しました[*28]。

２０１９年、日本は6月のＧ20大阪サミットの機会にＧ20財務・保健大臣合同会合を開催することを主導しました。同年には、8月に横浜でＴＩＣＡＤ７、9月にニューヨークでＵＨＣハイレベル会合とＳＤＧｓ首脳会合、10月に岡山でＧ20保健大臣会合が開催されます。

＊25　Global Alliance for Vaccines and Immunization として設立されましたが、後に Gavi, the Vaccine Alliance と改称されました。

＊26　一般社団法人グローバルヘルス技術振興基金、GHIT Fund は、Global Health Innovative Technology Fund の略称です。

＊27　ＵＨＣフォーラム２０１７に際しては、開催直前の12月初めに麻生太郎財務大臣が *The Lancet* に寄稿して、ＵＨＣ実現に向けて財務大臣が果たすべき役割について日本の考えを発信し、その後の保健財政関連イニシアティブにつなげています。Aso（2017）をご参照ください。

＊28　国際保健分野、特にＵＨＣに関する日本の一連の取組の背景については、武見（２０１８）がわかりやすく説明しています。武見敬三参議院議員は、２０１９年6月にＷＨＯのＵＨＣ親善大使に任命されました。

さらに、2020年にはタイで第2回UHCフォーラム、東京で栄養サミットが開催される予定です。日本は、以上のような一連の会合を通じて、世界の保健医療事情の改善、特にUHCの推進のために指導力を発揮することができる立場にあります。それを最大限に活用することは、世界における日本の責務とも言えると思います。

幸い国際保健分野では、2000年頃からの長年の関係者の努力により、オールジャパンで取組を推進するための模範的な枠組ができ上がっています。2008年のG8北海道洞爺湖サミットに向けての政策提言作成のために、2007年に日本国際交流センター（JCIE）が事務局となり「グローバルヘルスと人間の安全保障」運営委員会が発足しました。これは、日本の国際保健分野の政策形成への協力や官民連携の推進を目的とする懇談会です。同委員会は、武見敬三参議院議員を座長として、国会議員、政府関係省庁・機関、国際機関、日本医師会等関係団体、大学、NGO、企業などハイレベルの幅広い関係者が参加して、四半期に一度程度の頻度で会合を開催し、要人来訪の際にはゲストとして招いて意見交換も行っています。私自身、この会合に幾度も参加しましたが、限られた時間の中で、重要かつ膨大な情報が効率的に共有され、日本が戦略的な取組を進めるための重要な基盤となっています。

長年の実績があるので、政府部内の連携も密になっています。例えば、WHOは厚生労働省、世界銀行は財務省、グローバルファンドやGavi、UNICEFは外務省が主に担当しているので、UHCの効果的な推進をはじめ、これらの国際機関が整合的な政策を取るよう働きかけていくためには、日本政府部内の関係省庁・機関の連携が不可欠です。他の主要国と仕事をしていても感じるのは、国会議員や内閣官房をはじめとする関係者の指導力や支援もあって、この分野で日本は最も効果的に指導力を発揮しています。

以上のような経緯と実績を背景に、UHCのみならず国際保健分野全体が、いわばジャパン・アジェンダ、日本ブランドとして認められ、国際的な定評を得ています。これにより、日本の貢献が「世界益」を推進するのみならず、世界各国との関係で日本の信頼を高め、様々な機会に政治的な支持という見返りを得られるという「国益」にもつながります。さらに、日本企業は医薬品、検査機器、蚊帳や殺虫剤などで先進的な技術を持っています。日本が国際保健分野での資金協力等と組み合わせる形で、日本の民間企業の研究開発や高品質の製品を活用するための取組を精力的に進めれば、日本企業の技術や製品を通じた「世界益」と「国益」の同時増進にもつながります。

私はグローバルファンドの日本理事（代表）として、年2回の理事会や増資関連会合に出席し、運営に参画しています。日本はグローバルファンドに対して、累計で総額の約7%、近年は年額約200～400億円を拠出しているので、20名の理事がいる中、日本単独で理事議席を維持できています。それにより、受益国における保健システム強化・ＵＨＣの推進や、国内資金の動員・自立の促進など、日本の考えをグローバルファンドの運営に反映していることを実感しています。医薬品や資機材の調達の面では、２００９年から２０１８年１月までの累計で見ると日本企業からの調達は全体の約６％で、インド、スイス、アメリカに次いで4位となっています（診断器具では2位、蚊帳・蚊よけスプレーでは3位）。邦人職員数も近年増加し、発言力と知的貢献を強化する基盤となっています。組織の中核となる戦略・投資・効果局長ポストには日本人が就いていることも特筆されます[*29]。

また、日本は高齢化対策での強みを生かして、２０１６年から「アジア健康構想」を進めています。アジア地域では急速な高齢化が進む一方で、高齢化社会に対応する社会制度・産業等がほとんど存在していません。日本では、高齢化に関わる社会制度・産業で先行していますが、国内では人材不足と財政的制約から介護事業者等の収益向上が困難です。そこで、日本の介護事業者等の海外進出の支援を通じ、アジア地域に介護産業等を興すとともに、高齢化社会に対応する社会制度の構築について支援・協力を行おうとするものです。２０１９年からは、保健分野における日本の民間部門の力を生かすべく、「アフリカ健康構想」も立ち上げる方向で準備を進めています。これらも、アジアやアフリカの保健分野における改善という「世界益」と日本の民間企業の活躍という「国益」を同時に達成しようとするものです。

最後に、「母子手帳」について説明したいと思います。母子手帳とは、妊娠がわかった後、その後の出産や育児についての一連の経緯を記録することにより、子どもの健康増進に資することを目的とした冊子のことです。母子手帳は１９４８年に日本で生まれ、日本は母子手帳発祥の地と言われています。その後、インドネシアで１９９３年からＪＩＣＡの協力のもと母子手帳の普及を開始し、中東やアフリカにも広がっています。母子手帳開始50年目にあたる１９９８年には、母子手帳国際委員会主催でＪＩＣＡ等の支援を得て「第１回母子手帳国際シンポジウム」が東京で開催されました。その後この国際会議はアジア各地で開催され、２０１２年には第８回がアフリカ初のケニアで、２０１５年の第９回がカメルーンで、２０１６年の第10回が東京で、そして２０１８年の第11回がタイで開催されました。母子手帳は日本の知見を生かした効果的な支援として、今では40カ国以上で受け入れられようとしています。しかし、最近はＩＣＴ技術の進歩で、ＷＨＯを中心に個人健康情報（Personal

＊29　グローバルファンドの概要と日本との関わり、邦人職員の活躍については、國井（２０１９）が当事者の視点から説明しています。

Health Record）を集中管理する動きが出てきており、その動きと母子手帳アプローチの調整が課題となっています。まずは母子手帳の電子化がパレスチナを皮切りに各地で進められていますが、従来型の紙の手帳には、母親のみならず父親やその他家族が母子保健について学習する効果や、保健に関する自己管理を習慣づける効果、そして親の愛情を次世代に可視化して伝える効果もあると考えられています。したがって、母子手帳については、紙と電子データの併用が現実的です。今後、世界の技術進歩と国際保健全体のトレンドを十分に踏まえながら、固定観念を持たずに、人々の健康な生活を増進するために、「母子手帳」というツールがどうあるべきかを考えていく必要があると思います。

ＮＧＯ連携の前線：ＯＤＡ改革の機運を生かしたＮＧＯの能力と役割の強化

日本のＮＧＯは、途上国の開発のために大きな役割を果たしています[*30]。私自身、ワシントンＤＣの日本国大使館にいた時に、ホノルルで開催された日米ＮＧＯ協力の会議に出席し、開発や環境問題の解決に向けての日米双方のＮＧＯの熱気を強く感じました。立ち上げと運営に携わったワシントンＤＣ開発フォーラム自体、ＮＧＯのような存在でした。また、バングラデシュや南スーダンでは、老舗ＮＧＯのシャプラニールやオイスカ、独自の専門性を持つアジア砒素ネットワークや日本紛争予防センター、国際機関とも連携するピースウィンズ・ジャパン、アメリカ発ながら日本に強い基盤を持つワールドビジョン・ジャパン、日本人の渡辺大樹がバングラデシュ人の大学生を巻き込んで立ち上げたストリートチルドレン支援のエクマットラ[*31]など、日本の様々なNGOの現場での活動や成果を見る機会もありました（写真4・4）。

その一方で、欧米の大規模で高い専門性を持つNGOや、バングラデシュや南スーダン人自身が運営する現地NGOの強さも目の当たりにしました。さらに、バングラデシュで出会った山口絵理子（後に「途上国から世界に通用するブランドを作る」を掲げてジュートや皮革を使ったバッグなどを作る「マザーハウス」を設立[*32]）をはじめ、ビジネスを通じて途上国の開発

*30　貧困・飢餓や紛争、環境破壊や災害など世界で起こっている様々な課題に、政府や国際機関とは異なる「民間」の立場から、利益を目的とせず取り組む市民団体が、NGO（Non-Governmental Organization）です。国や行政の施策が行き届かない社会的弱者に寄り添い、ニーズを満たしていくだけでなく、市民の代弁者として社会にある様々な課題を生み出す仕組みそのものを変える活動も行っています。日本の国際協力NGOについては、日本国際協力NGOセンターのウェブサイトを参照ください。https://www.janic.org/ngo/

*31　朝日新聞社（2006）に、渡辺氏のエクマットラ立ち上げの経緯や当時の思いが書かれています。

写真 4.4　ピースウィンズ・ジャパンの支援による南スーダンの小学校衛生施設の取材（2016 年 3 月 9 日）

（写真提供：在南スーダン日本国大使館）

問題を解決していこうという社会起業家（social entrepreneur）・ソーシャルビジネスや、企業の社会的責任（CSR）、環境・社会・企業統治配慮（ESG）投資、SDGsを通じてグローバルな問題に取り組む企業の方々ともお会いしました。

その中で感じたのは、日本の人道・開発分野のNGOが、①欧米の大規模で専門性を持つ国際NGOと、②途上国現地の人たち自身が運営する現地NGO、③さらにソーシャルビジネスやSDGsビジネスに携わる企業の各々の興隆に直面して、新たな変革を求められているということです。

また、2018年8月にNGO担当大使に着任して最初に気づいたことは、日本のNGOの財政基盤が課題を抱えていることでした。特に民間部門からの寄付金が、欧米発の国際ＮＧＯと比較して、未だに限定的であることが特徴的でした。[*33] アメリカのＮＧＯがInterActionという連合体を作り、アメリカ政府の支援を得て自立的な財政基盤を確立した例に日本も学ぶべき、という話を、20年近く前のワシントンＤＣ在勤時に聞きましたが、今の状況を見て、それを実現するのはやはり容易なことではなかったのだと感じました。

現在、ＮＧＯ・外務省定期協議会として、全体会議を年１回、よりテーマを絞ったＯＤＡ政策協議会と連携推進委員会をそれぞれ年３回開催して、日本の国際協力ＮＧＯを強化するための様々な方策について協議を進め、実行に移しています。ＮＧＯ－ＪＩＣＡ協議会も年４回開催されています。

最近の特記すべき動きは、２０１８年夏にＮＧＯ側の連携推進委員・コーディネーターが、表４・２に示した「日本の国際協力ＮＧＯ強化優先10項目」の提言をまとめ、秋には全国のＮＧＯ86団体の意見集約アンケートを行って、具体的なアイディアをとりまとめたこと

＊32　山口（２００７）は、バングラデシュの起業当初の思いが記されており、胸を打つ内容です。
＊33　日本ファンドレイジング協会（２０１７）をご参照ください。

表 4.2　日本の国際協力 NGO 強化優先 10 項目

1．一般管理費を15%へ拡充
2．NGO 活動予算の抜本的拡充と中小 NGO スキームの新設
3．国際機関連携強化に向けた環境整備の実現
4．国際会議等への参加と提言の促進
5．JICA ボランティアの本邦 NGO 派遣環境整備
6．開発・人道ニーズがある地域への渡航制限の緩和
7．働き方改革促進と業務効率化
8．ODA と NGO が一体となった国際協力広報強化
9．NGO 活動環境整備支援事業（N環）の拡充
10．ネットワーク NGO への資金提供

出典：外務省ホームページ（2018 年 10 月 30 日 NGO・外務省定期協議会臨時全体会議資料。https://www.mofa.go.jp/mofaj/gaiko/oda/files/000422946.pdf）

です。同提言の冒頭には、全体の目標として、「NGOとODAの連携を通じて、『国際的プレゼンスが高く、強靱な日本のNGOセクター』、『生まれ育った地域でNGO活動が溢れる市民社会』を構築し、SDGsの達成へ貢献する。」を掲げています。

これ以外にも、国際機関と日本のNGOの連携強化に関する意見交換会からの提言書に関する議論・フォローアップや、NGO安全管理イニシアティブ（JaNISS）による日本のNGOの安全管理能力向上と情報共有の取組に対する支援、活動地域拡大に向けての率直な意見交換などを行っています。

このような提言や取組に応える形で、日本政府の側でも、NGO支援の強化をODA改革の柱の一つとして位置付け、予算面を含めて前向きな措置を取り始めています。河野太郎外務大臣のイニシアティブにより、２０１８年11月にとりまとめられたＯＤＡに関する有識者懇談会提言では、①ＯＤＡに関する国民・市民の理解・認知度を高めていく必要があり、そのための媒介としてのＮＧＯの価値が日本社会において広く認識され、支持を得ていくことが必要であること、②それにはＮＧＯの財政基盤強化が前提となり、日本ＮＧＯ連携無償事業等における一般管理費の引き上げを検討すべきであることなどが打ち出されました。それを受けて、２０１９年４月から、同一般管理費が現行の対事業費比５％から最大15％まで引き上げられることになりました（表４・２の項目１に応えるものです）。

今後の課題は、このような**ＮＧＯと政府の双方からの協力の機運を生かして、国際的な開発問題への取組の前線と日本各地の国民を結び付ける存在としてのＮＧＯの能力と役割を強化していくこと**です。このための最新の取組は、「ＮＧＯ２０３０」という有志グループを中心とする報告書の作成です。２０１５年と２０１７年の日本国際交流センター（ＪＣＩＥ）主催の日本のＮＧＯ関係者・国会議員の訪米ミッションを契機に、昨今の世界の状況変化の中で、日本のＮＧＯの優位性として打ち出すべき部分はどこなのか、そしてそれらを育てるためにはどんな施策・政策が必要なのかという問題意識が関係者間で共有されました。それを受けて、「ＮＧＯ２０３０」という有志グループが結成され、平成30年度外務省ＮＧ

表4.3　NGO2030の方向性とアクションプラン

■2030年までに達成したいこと（方向性）
1．NGOセクターが社会変革のために不可欠な、魅力的な業界として認知される
2．NGO自らの企画力・巻き込み力を強化し、発信力・提案力を高める
3．課題解決を推進する「プロデューサー」としての役割が確立及び認知されている

■2030年に向けた10のアクションプラン
1．課題解決に向けて、SDGsの推進者となる
2．地球規模課題や社会課題の最新状況を踏まえた上で、プレゼンスを強化する
3．学び合いやセルフレビューを強化し、専門性をさらに向上させる
4．社会課題解決に向けた他セクターとの連携を促進する
5．財政基盤向上のための施策と仕組みづくりを行う
6．「NGOセクター全体の成長を推進する中間支援組織」の強化・拡充を行う
7．組織づくりや人材育成の成長戦略策定を促進する
8．広報力・提言力の強化を計画し、実践する
9．イノベーション促進のための環境づくりを行う
10．開発教育の普及と実践を促進する

出典：NGO2030事業報告書（2019年3月）

O研究会事業として、2030年までに日本の国際協力NGOが国内外でSDGs達成のための主要なアクターとしての役割を果たし、国内外で認知されるための方向性とアクションプランが、表4・3のようにとりまとめられました。報告書には、今後、10のアクションプランをもとに目指す姿と現状とのギャップを洗い出し、それを埋めるための具

体的な活動に結び付けていくことの必要性が指摘されています。そのために、NGO2030としての活動を継続していく、としています。

今や、NGOの能力と役割の強化のための取組は待ったなしです。日本のNGOの国際的なプレゼンスの向上、そして国内各地での一般市民のNGO活動への参画の拡大の双方が求められています。いずれも、大所高所の戦略立案・構想力・ストーリーの提示と、着実な実行力が必要です。マネジメントの強化が不可欠なので、当面はネットワークNGOが全国各地のNGOのサポートを行う形になると考えられます。政府とNGOの連携により、日本のNGOコミュニティが今後10年間で大きく変革していくことを期待しています。私も、NGO担当大使として最大限努力する考えです。

特に、日本人が途上国の開発問題とそれに対する取組を自らの問題と感じるようになるために、心ある日本の市民社会・NGOの方々、さらには社会起業家やソーシャルビジネスを担う方々が大きな役割を果たし得ると確信しています。そして、できれば私もその一翼を担っていきたいと思います。**日本がODAを推進するためには、日本人一人ひとりが国際協力のための様々な活動を「じぶんごと」として考えること、つまり「オウン（own）する」ことが大事です。**例えば、開成中学校・高等学校（東京都）の高校生有志によるK-Diffusionorという団体は、難民問題を「他人事」から「じぶんごと」に変えるために、2

018年から2019年にかけて、NGOのワールドビジョン・ジャパンや各種企業と協力して、ウガンダにある難民キャンプを訪問し、国内啓発のための中学生・高校生向けの講演会を開催しています。このような日本人一人ひとりの情熱と行動が重要であり、そこから、日本の様々な強みを世界に生かしていくための道が開かれていくと考えています。

おわりに

紀谷昌彦

これまで、国際協力は何のためなのか、「世界益」と「国益」の関係、開発問題を巡る国際社会の動向と私たちとの関わりといったテーマについて、皆さんと一緒に考えてきました。ここまで読んでいただき心から嬉しく思います。

国際開発における「国益」の位置付けを考えることが、この「競著」を執筆するきっかけでした。しかし、私自身がこの本を書き進める中で、皆さんに一番お伝えしたいと感じたことは、「私たち一人ひとりの力で、世界は良い方向に変えられる」ということです。私は30年以上前に外務省に入り、政府の一員として、ナイジェリア、バングラデシュ、南スーダンの現場で、またワシントンＤＣや東京といった援助協調・政策立案の前線で、大統領や首相、閣僚との協議から、地方の村落や避難民キャンプでの支援まで関わってきました。その中で実感してきたのは、日本をはじめとする先進国や途上国、国際機関など幅広い人たちの日々の努力により、途上国の貧困・開発の状況は着実に良くなってきた、ということです。一人の力は限られていますが、様々な人たちが各々の立場からの努力を組み合わせることで、実際にこれまで大きな成果を上げてきたのです。

しかし、第2章で見たように、今も世界では、まだまだ多くの人たちが、貧困や飢餓、教育や保健の問題に苦しんでおり、開発への取組は道半ばです。私たち日本人は、日々の生活ではなかなか接することはありませんが、そのような格差が厳然として存在しています。多くの日本人は、多くの開発途上国の人達と比べてはるかに恵まれています。日本と日本人ができることは、たくさんあります。

これまで本書で述べたとおり、日本は、自らが生き残っていくという「国益」のためにも、世界をより良いものにするという「世界益」のためにも、途上国の開発・貧困の問題に対して大きな貢献ができます。そもそも、自らが生き残らなければ世界への貢献はできず、逆に自らが生き残ることで初めて世界に貢献できるのです。世界がどうなるかは「他人事」ではありません。日本は他の主要国とともに世界の運営に責任を有していますし、世界がどのように運営されるかにより、大きく影響を受ける存在です。日本のリーダーシップの潜在力、そしてリーダーシップを発揮しないことによる機会損失を過小評価してはいけません。

そのために、日本の強みを世界に生かしながら日本と日本人が生存し続けるための大戦略、日本と世界が共栄するためのビジョンの中核の一つとして「国際協力」を位置付け、日本に強みのある様々な分野で「ジャパン・アジェンダ」として具体化し、実施していくことが大事だと思います。まずは、日本に強みがあるテーマを特定して省庁・組織横断的に専門性を高め、イノベーションも活用して深掘りすることが重要です。さらに、それを実際に開発途上国の現地で実施に移すための体制強化と人材育成も不可欠です。このためには、国際協力を担う組織のマネジメントを強化していくことが鍵になります。これらはすべて、日本自身のためにも役立つことです。最近の国際保健分野での取組は、一つの参考例になります。

日本のODA供与額については、日本の経済力や国民意識から遊離した存在ではあり得ません。それゆえに、日本経済の発展に伴い世界第1位の額まで増加し、バブル崩壊後には逆風が吹き続けて減少しました。今の日本のODA供与額は、対国民所得比で見れば、多くの欧米諸国と比べて低い水準にあります。そのような日本にとって大事なことは、ODAを「国益」と「世界益」の双方にとって効果的・効率的に使うことで、額を少しでも増やしていくことだと思います。その点からは、日本がSDGsで地方創生を推進し、国内の格差を縮めながら、地方発・日本発のSDGsモデルを世界に広げていくこと、その一環としてODAを活用して途上国への国際協力を官民連携で進めていくというアプローチが有効ではないかと思います。

このように、世界の不条理を変えるために、世界の中で恵まれた日本が、「国際社会の中での社会政策」に取り組むことは、日本自身の「志」としても大事ではないでしょうか。それは、日本への感謝・信頼・敬意を通じて日本自身のためになりますし、そもそも日本のあるべき姿、進むべき道ではないでしょうか。皆さんは、どのように考えますか？

結局のところ、国際協力は、一人ひとりの人生観・哲学に関わる問題でもあります。例えば、三原朝彦衆議院議員（自由民主党国際協力調査会会長）は昨年、地元の有権者を招いての会合で、アフリカで病気の子どもを抱いた経験に触れながら、自分の政治家としての使命は世界の貧困問題を解決することである、と挨拶し、会場で聞いていた私は感銘を受けました。また、私自身の原体験として、大学に入ったころ、世界に貧しい人たちがたくさんいるのに、自分はこれほど恵まれていてよいのかと悩んだことがありました。そのときに、第1章でも紹介されている道徳・政治哲学者ジョン・ロールズの『正義論』という本と出会い、自分が恵まれた生活をしたとしても、それを生かして世の中に還元すれば、自分の恵まれた生活は正当なものとなり得るという立論を知りました。私自身、今まで多くの貴重な経験をすることができたので、開発問題への自分なりの取組を通して、皆さんと一緒に、少しでも多く世の中に還元したい、「恩返し」ならぬ「恩送り」をしたいと思っています。

本書を通じて皆さんが、本書の表題である「私たちが国際協力する理由」について考えを深めることで、開発問題と国際協力を「じぶんごと」にして、自らの立場から具体的に行動するためのきっかけとなれば幸いです。これまで、もう50代になった両著者や、多くの先人達が、様々な形で国際協力に取り組み、世界を変えてきました。今度は、あなたがバトンを受け継いで、世界の将来を変える番です！　何から始めますか？

謝辞

本書の企画のきっかけは、両著者と朝日新聞コンテンツ戦略ディレクターの藤谷健さんがスピーカーとなって開催した「国際開発は国益とどう向き合うべきか？」と題する公開セッションでした。このセッションは、国際開発学会の第29回全国大会の一部として、２０１８年11月24日、筑波大学にて開催されました。

このセッションにも参加していた日本評論社の道中真紀さんから、２０１７年に同社から出版され、好評を博していたデイビッド・ヒューム著、佐藤寛監訳、太田美帆・土橋喜人・田中博子・紺野奈央訳『貧しい人を助ける理由：遠くのあの子とあなたのつながり』の姉妹編のような形で出版することを提案され、本の内容を構想しました。

本書の原稿は、以下の方々に読んでいただき、そのコメントを参考にして、最終稿として仕上げられました：阿部耀（立命館アジア太平洋大学）、天田聖（国際協力機構）、國井修（世界エイズ・結核・マラリア対策基金）、坂根宏治（国際協力機構）、白石智鏡（立命館アジア太平洋大学）、戸田隆夫（国際協力機構）（五十音順）、外務省関係部局の皆様。この場を借りて謝意を表します。

最後に、一年にも満たない短期間に、企画から編集、出版まで導いてくださった道中真紀さん、そして本書の執筆を支えた両著者の家族に深く感謝いたします。

２０１９年７月

紀谷昌彦
山形辰史

◆著者紹介

紀谷昌彦（きや・まさひこ）

1964年生まれ。1987年東京大学法学部卒、外務省入省。ケンブリッジ大学歴史学部国際関係論修士および同大学法学部国際法修士。在ナイジェリア日本国大使館、在米国日本国大使館一等書記官、在バングラデシュ日本国大使館参事官、外務省総合外交政策局国際平和協力室長、同局国連企画調整課長、防衛省地方協力局提供施設課長、在ベルギー日本国大使館公使、駐南スーダン日本国大使などを歴任し、現在、外務省国際協力局参事官、アフリカ開発会議（TICAD）担当大使、NGO担当大使。著書・論文：『南スーダンに平和をつくる：「オールジャパン」の国際貢献』（ちくま新書、2019年）、「開かれた国益の実現に向けて：「日本流」生かす開発外交」（『国際開発ジャーナル』2019年2月号、32-33ページ）など。

山形辰史（やまがた・たつふみ）

1963年生まれ。1986年慶應義塾大学経済学部卒、1988年同大学大学院経済学研究科修了、アジア経済研究所（現：日本貿易振興機構アジア経済研究所）入所。ロチェスター大学経済学博士。Bangladesh Institute of Development Studies客員研究員、日本貿易振興機構アジア経済研究所開発スクール教授・事務局長などを経て、現在、立命館アジア太平洋大学アジア太平洋学部教授、国際開発学会会長。著書：『国際協力ってなんだろう：現場に生きる開発経済学』（共編著、岩波ジュニア新書、2010年）、『開発経済学　貧困削減へのアプローチ　増補改訂版』（共著、日本評論社、2017年）など。

参考文献

浅沼信爾・小浜裕久（2017）『ODA の終焉：機能主義的開発援助の勧め』勁草書房。

朝日新聞社（2006）『ニッポン人脈記２：アジアの夢』（朝日文庫）朝日新聞社。

石井明男・眞田明子（2017）『クリーンダッカ・プロジェクト：ごみ問題への取り組みがもたらした社会変容の記録』佐伯印刷。

石川滋（1994）「構造調整：世銀方式の再検討」（『アジア経済』第35巻第11号、11月）2-32ページ。

井上達夫（2012）『世界正義論』筑摩書房。

上杉勇司・藤重博美・吉崎知典・本多倫彬編（2016）『世界に向けたオールジャパン：平和構築・人道支援・災害救援の新しいかたち』内外出版。

上杉勇司・藤重博美編著（2018）『国際平和協力入門：国際社会への貢献と日本の課題』ミネルヴァ書房。

絵所秀紀（1997）『開発の政治経済学』日本評論社。

SDGs 推進本部（2016）「持続可能な開発目標（SDGs）実施指針の概要」（12月22日）。
https://www.kantei.go.jp/jp/singi/sdgs/dai2/siryou3.pdf

大江博（2007）『外交と国益：包括的安全保障とは何か』NHK ブックス。

大沼保昭（2018）『国際法』（ちくま新書1372）筑摩書房。

大野泉・二井矢由美子（2005）『援助モダリティの選択と日本の ODA 改革：開発ニーズとオーナーシップを尊重して』（政策研究大学院大学開発フォーラム）。

大山貴稔（2019）「戦後日本における ODA 言説の転換課程：利己主義的な見地は如何にして前景化してきたか」（『日本の開発協力

の歴史』バックグラウンドペーパー）JICA 研究所。

岡村善文（2019）「多国間外交の舞台としてのアフリカ」（『国際問題』１・２月合併号 No.678）。

小和田恒（2003）「開発問題における日本の役割を考える」（GRIPS 開発フォーラム政策議事録 No.17）。

http://www.grips.ac.jp/forum/pdf03/pm17.pdf
小和田恒・ロザリン ヒギンス（2008）『平和と学問のために：ハーグからのメッセージ』丸善株式会社。

外務省（2005）『政府開発援助（ODA）白書 2005年版』外務省。

外務省（2015）『2014年版 政府開発援助（ODA）白書：日本の国際協力』外務省。

外務省（2019）『2018年版 開発協力白書：日本の国際協力』外務省。

外務省経済協力局経済協力研究会編（1981）『経済協力の理念：政府開発援助はなぜ行うのか』国際協力推進協会。

外務省国際協力局（2015）「開発協力大綱について」外務省。

加賀美充洋（1996）「開発援助：世銀・IMF の構造調整政策は成功したのか」（『アジ研ワールド・トレンド』No. 17、11月）18-21ページ。

加藤茂孝（2013）『人類と感染症の歴史：未知なる恐怖を超えて』丸善出版。

加藤茂孝（2018）『続・人類と感染症の歴史：新たな恐怖に備える』丸善出版。

兼原信克（2011）『戦略外交原論』日本経済新聞出版社。

神島裕子（2018）『正義とは何か：現代政治哲学の６つの視点』（中公新書2505）中央公論新社。

河合隼雄監修（2000）『日本のフロンティアは日本の中にある：自立と協治で築く新世紀』講談社。

木村宏恒監修（2018）『開発政治学を学ぶための61冊：開発途上国

のガバナンス理解のために』明石書店。
紀谷昌彦（2002a）「貧困削減戦略国際会議報告：PRSP アプローチの現状と今後の課題」（『国際開発ジャーナル』４月号）。
紀谷昌彦（2002b）「日本の『開発外交』は如何にあるべきか：ワシントン DC の視点」（GRIPS 開発フォーラム政策議事録 No.7）。 http://www.grips.ac.jp/forum/pastpages/pdf01/PM7.pdf
紀谷昌彦（2003a）「ワシントンから見える援助協調の現在と未来：開発援助のグローバリゼーションの中で日本がとるべき道」（『IDCJ Forum』第23号［特集：援助協調を超えて］、国際開発センター）。http://dl.ndl.go.jp/info:ndljp/pid/2392454
紀谷昌彦（2003b）「ODA 大綱はいかにあるべきか：DC 開発フォーラムからの貢献」（GRIPS 開発フォーラム政策議事録 No.17）。 http://www.grips.ac.jp/forum/pdf03/pm17.pdf
紀谷昌彦（2003c）「途上国の政策・制度に援助を合わせるために：調和化ハイレベルフォーラム報告」（『国際開発ジャーナル』５月号）。
紀谷昌彦（2006）「開発援助：途上国の自主性を活かすパートナーシップ」（『アジ研ワールド・トレンド』2月）4-7ページ。
紀谷昌彦（2007）「ODA の現地機能強化を推進するために：バングラデシュ現地 ODA タスクフォースの実践と教訓」（GRIPS 開発フォーラム Discussion Paper No.17）。 http://www.grips.ac.jp/forum/pdf07/dp17.pdf
紀谷昌彦（2010）「日本の国連外交の課題：実務者の観点から」（日本国際連合学会編『新たな地球規範と国連』［国連研究第11号］）国際書院。
紀谷昌彦（2019a）『南スーダンに平和をつくる：「オールジャパン」の国際貢献』（ちくま新書1382）筑摩書房。
紀谷昌彦（2019b）「開かれた国益の実現に向けて：「日本流」生かす開発外交」（小特集：開発援助と国益）（『国際開発ジャーナル』

2019年２月号）32-33ページ。

國井修（2012）『国家救援医：私は破綻国家の医師になった』角川書店。

國井修（2018）「現地政府の『肩を揉む』日本的支援アプローチ：前・南スーダン大使の紀谷昌彦さんと考える『No one left behind』」（日経ビジネス連載『終わりなき戦い』11月29日付）。

https://business.nikkei.com/atcl/opinion/15/222363/112200025/

國井修（2019）『世界最強組織のつくり方：感染症と闘うグローバルファンドの挑戦』（ちくま新書1430）筑摩書房。

黒崎卓・大塚啓二郎編（2015）『これからの日本の国際協力：ビッグ・ドナーからスマート・ドナーへ』日本評論社。

黒崎卓・山形辰史（2017）『開発経済学　貧困削減へのアプローチ増補改訂版』日本評論社。

国際協力機構（2018）『世界を変える日本式「法づくり」』文芸春秋。

国際協力事業団（2001）『貧困削減に関する基礎研究』（国際協力事業団国際協力総合研修所 ４月）。

http://open_jicareport.jica.go.jp/pdf/11641602.pdf
小原雅博（2007）『国益と外交：世界システムと日本の戦略』日本経済新聞出版社。

小宮山宏（2007）『「課題先進国」日本：キャッチアップからフロントランナーへ』中央公論新社。

佐藤章（1999）「資料　図表でみるアフリカの主要な紛争」（特集：アフリカの紛争問題）（『アジ研ワールド・トレンド』No. 43、３月）4-5ページ。

参議院（2017）「政府開発援助等に関する特別委員会議事録　第四号」（第193回国会　６月７日）（参考人：山形辰史、若林秀樹、上野明子、松崎彰義）。

篠田英朗（2012）『「国家主権」という思想：国際立憲主義への軌

跡』勁草書房。

篠田英朗（2013）『平和構築入門：その思想と方法を問いなおす』（ちくま新書1033）筑摩書房。

下村恭民・大橋英夫・日本国際問題研究所編（2013）『中国の対外援助』日本経済評論社。

下村恭民・辻一人・稲田十一・深川由起子（2016）『国際協力：その新しい潮流（第３版）』有斐閣。

白井早由里（2005）『マクロ開発経済学：対外援助の新潮流』有斐閣。

菅原秀幸・大野泉・槌屋詩野（2011）『BOP ビジネス入門：パートナーシップで世界の貧困に挑む』中央経済社。

政策研究会・総合安全保障グループ（1980）『総合安全保障研究グループ報告書』（７月２日）。

http: //worldjpn. grips. ac. jp/documents/texts/JPSC/19800702.O1J.html
高橋基樹（2001）「アフリカにおけるセクター・プログラム：貧困削減に向けた開発パートナーシップ」（『国際協力研究』第17巻第２号、通巻34号）9-19ページ。

高橋基樹（2017）「TICAD の変遷と世界：アフリカ開発における日本の役割を再考する」（『アフリカレポート』第55巻）47-61ページ。

高柳彰夫・大橋正明編（2018）『SDGs を学ぶ：国際開発・国際協力入門』法律文化社。

高山晟（1985）「開発経済学の現状」（安場保吉・江崎光男編『経済発展論』創文社）277-350ページ。

武内進一（2000）「序章　アフリカの紛争：その今日的特質についての考察」（武内進一編『現代アフリカの紛争：歴史と主体』日本貿易振興会アジア経済研究所）3-52ページ。

武内進一（2009）『現代アフリカの紛争と国家：ポストコロニアル

家産制国家とルワンダ・ジェノサイド』明石書店。

武見敬三（2018）「UHC と SDGs」（長崎大学大学院熱帯医学・グローバルヘルス研究科 SDGs 研究センター『よくわかる SDGs 講座シリーズ』第１回）。

http://www.tmgh.nagasaki-u.ac.jp/sdgs_kouza/y20180413_takemi.html
田瀬和夫・長有紀枝（2015）「『援助は一番大事なことはできない』：防災と人間の安全保障」（国連フォーラム・国際仕事人に聞く［対談］第18回）。

http://www.unforum.org/interviews/18.html
谷口誠（2001）『二一世紀の南北問題：グローバル化時代の挑戦』早稲田大学出版部。

中華人民共和国国務院新聞弁公室（2014）『中国的対外援助（2014）』北京：人民出版社。

デロイト トーマツ コンサルティング合同会社（2017）『SDGs ビジネスの可能性とルール形成　最終報告書』同社。

内藤雅雄（1992）「コミュナリズム」（辛島昇・前田専学・江島惠教・応地利明・小西正捷・坂田貞二・重松伸司・清水学・成沢光・山崎元一監修『南アジアを知る事典』平凡社）263-264ページ。

西垣昭・下村恭民（1997）『開発援助の経済学：「共生の世界」と日本の ODA』（新版）有斐閣。

西川潤（1976）『経済発展の理論』日本評論社。

日本ファンドレイジング協会（2017）『寄付白書2017』同社。

長谷川祐弘（2018）『国連平和構築：紛争のない世界を築くために何が必要か』日本評論社。

原島大介（2018）「ウイグル収容施設、合法化：中国、国際批判かわす狙い」（『日本経済新聞』10月13日）。

東大作編（2017）『人間の安全保障と平和構築』日本評論社。

藤谷健（2019）「多様な担い手こそ国益を実現：狭い「企業益」追求は抑制を」（小特集：開発援助と国益）（『国際開発ジャーナル』２月号）34-35ページ。

古田元夫（1996）『アジアのナショナリズム』山川出版社。

細谷雄一（2007）『外交：多文明時代の対話と交渉』有斐閣。

細谷雄一（2012）『国際秩序：18世紀ヨーロッパから21世紀アジアへ』（中公新書2190）中央公論新社。

松井謙（1979）『開発援助の経済学：援助の論理と現実』新評論。

松井透（1960）「帝国支配の変遷と民族運動の発展」（山本達郎編『インド史』山川出版社）252-490ページ。

松浦晃一郎（1990）『援助外交の最前線で考えたこと』国際協力推進協会。

峯陽一（1996）『南アフリカ：「虹の国」への歩み』（岩波新書473）岩波書店。

元田結花（2007）『知的実践としての開発援助：アジェンダの興亡を超えて』東京大学出版会。

柳原透（2008）「『開発援助レジーム』の形成とその意義」（『海外事情』第56巻第９号、９月）87-106ページ。

山形辰史（2003）「特集にあたって」（特集：ミレニアム開発目標：2015年を目指して）（『アジ研ワールド・トレンド』No. 91、4月）2-3ページ。

山形辰史（2007）「国際協力の現場から：グローバル競争時代のODA」（『外交フォーラム』No. 233、12月）70-71ページ。

山形辰史（2015）「MDGs を超えて SDGs へ：国際開発の行方」（特集：ミレニアム開発目標を超えて：MDGs から SDGs へ）（『アジ研ワールド・トレンド』No. 232、２月）20-25ページ。

山形辰史（2017）「日本：持続可能な内向き開発目標」（『アジ研ワールド・トレンド』No. 260、６月）17ページ。

山形辰史（2018）「MDGs から SDGs へ：理想主義から一国中心主

義へ」（特集：経済学のリテラシーを高めよう）（『経済セミナー』第701号、4・5月）40-44ページ。

山形辰史（2019）「日本は国際協調を立て直せるか：開発援助の理念を問い直し始めた『国際開発学会』」（小特集：開発援助と国益）（『国際開発ジャーナル』2月号）30-31ページ。

山口絵理子（2007）『裸でも生きる：25歳女性起業家の号泣戦記』講談社。

山澤逸平（2001）『アジア太平洋経済入門』東洋経済新報社。

山田肖子編（2019）『世界はきっと変えられる：アフリカ人留学生が語るライフストーリー』明石書店。

吉田秀美（2018）「貧困層とビジネス」（国際開発学会編『国際開発学事典』丸善出版）404-405ページ。

渡辺利夫（1985）『成長のアジア　停滞のアジア』東洋経済新報社。

渡辺利夫（1986）『開発経済学：経済学と現代アジア』日本評論社。

渡辺利夫・三浦有史（2003）『ODA（政府開発援助）：日本に何ができるか』（中公新書1727）中央公論新社。

渡邉松男（2019）「変化する環境と日本の援助政策：二つの政府開発援助大綱の策定から」（『日本の開発協力の歴史』バックグラウンドペーパー、No.4）JICA研究所。

Abe, Shinzo（2015）"Japan's vision for a peaceful and healthier world" *The Lancet,* Volume 386, Issue 10011, December 12, pp. 2367-2369.

Aso, Taro（2017）"Crucial role of finance ministry in achieving universal health coverage" *The Lancet,* Volume 390, Issue 10111, December 2, pp. 2415-2417.

Beattie, Alan（2008）"US and Japan Fight Overseas Aid Proposals," *Financial Times,* September 4.

Cambodia（2006）*Cambodia: Poverty Reduction Strategy Paper,* International Monetary Fund.

Collins, James C. and Jerry I. Pollas（1994）*Built to Last: Successful Habits of Visionary Companies,* Harper Business（山岡洋一訳『ビジョナリー・カンパニー：時代を超える生存の原則』日経ＢＰ社、1995年）.

Cornia, Giovanni Andrea, Richard Jolly, and Frances Stewart, eds.（1987）*Adjustment with a Human Face, Vol. I, Protecting the Vulnerable and Promoting Growth,* Clarendon Press.

Easterly, William（2001）*The Elusive Quest for Growth: Economists' Adventures and Misadventures in the Tropics,* MIT Press（小浜裕久・織井啓介・冨田陽子訳『エコノミスト　南の貧困と闘う』東洋経済新報社、2003年）.

Economist（2015）"Development: The 169 Commandments," March 26.

Economist（2018）"Nowhere to Hide: China is Trying to Prevent the Formation of a Vocal Uighur Diaspora," March 28.

Financial Express（2011）"WB Suspends $1.2b Pledged Funding for Padma Bridge," Oct. 11.

Greening, Justine（2013）"Development in Transition," Speech, Department for International Development, United Kingdom, Feb. 7. https://www.gov.uk/government/speeches/justine-greening-development-in-transition

Hulme, David（2016）*Should Rich Nations Help the Poor?,* Polity Press（佐藤寛監訳、太田美帆・土橋喜人・田中博子・紺野奈央訳『貧しい人を助ける理由：遠くのあの子とあなたのつながり』日本評論社、2017年）.

Ishikawa, Kaoru（1999）*Nation Building and Development Assistance in Africa: Different but Equal,* MacMillan Press Ltd.

Kaplan, Robert D.（2018）"Why China Is Brutally Suppressing Muslims," *Wall Street Journal,* September 17.

Kato, Hiroshi, John Page, and Yasutami Shimomura eds.（2015）*Japan's Development Assistance: Foreign Aid and the Post-2015 Agenda*, Palgrave Macmillan.

Kharas, Homi, Koji Makino and Woojin Jung（2011）"Overview: An Agenda for Busan High-Level Forum on Aid Effectiveness," in Homi Kharas, Koji Makino and Woojin Jung eds., *Catalyzing Development: A New Vision for Aid*, Brookings Institution Press, pp. 1-37.

Kitano, Naohiro and Yukinori Harada（2015）"Estimating China's Foreign Aid 2001-2013," *Journal of International Development*, Vol. 28, No. 7, pp. 1050-1074.

Kourouma, Ahmadou（2000）*Allah n'est pas obligé,* Editions du Seuil（真島一郎訳『アラーの神にもいわれはない：ある西アフリカ少年兵の物語』人文書院、2003年）.

Lin, Justin Yifu（2012）*The Quest for Prosperity: How Developing Economies Can Take Off*, Princeton University Press（小浜裕久監訳『貧困なき世界：途上国初の世銀チーフ・エコノミストの挑戦』東洋経済新報社、2016年）.

Open Working Group on Sustainable Development Goals（OWG-SDGs）（2014a）*Encyclopedia Groupnica: A Compilation of Goals and Targets Suggestions from OWG-10,* OWG-SDGs.

Open Working Group on Sustainable Development Goals（OWG-SDGs）（2014b）*Open Working Group Proposal for Sustainable Development Goals,* OWG-SDGs.

Organisation for Economic Co-operation and Development（OECD）（2005）*The Paris Declaration on Aid Effectiveness,* OECD.

Pogge, Thomas W.（2002）*World Poverty and Human Rights: Cosmopolitan Responsibilities and Reforms,* Polity Press（立岩真

也監訳、池田浩章・安部彰・齊藤拓・岩間優希・村上慎司・石田智恵・原佑介・的場和子訳『なぜ遠くの貧しい人への義務があるのか：世界的貧困と人権［第2版］』生活書院、2010年).

Prahalad, C. K.（2005）*The Fortune at the Bottom of the Pyramid*, Wharton School Publishing（スカイライトコンサルティング訳『ネクスト・マーケット：「貧困層」を「顧客」に変える次世代ビジネス戦略』［増補改訂版］英治出版、2010年).

Ravallion, Martin（2016）*The Economics of Poverty: History, Measurement, and Policy*, Oxford University Press（柳原透監訳『貧困の経済学［上・下］』日本評論社、2018年).

Rawls, John（1971）*A Theory of Justice*, Belknap Press of Harvard University Press（川本隆史・福間聡・神島裕子訳『正義論』［改訂版］紀伊國屋書店、2010年).

Rosling, Hans with Anna Rosling R., and Ola Rosling（2018）*Factfulness: Ten Reasons We're Wrong About the World - and Why Things Are Better Than You Think*, Flatiron Books（上杉周作・関美和訳『ファクトフルネス：10の思い込みを乗り越え、データを基に世界を正しく見る習慣』日経ＢＰ社、2019年).

Sachs, Jeffrey D.（2005）*The End of Poverty: Economic Possibilities for Out Time*, Penguin Press（鈴木主税・野中邦子訳『貧困の終焉：2025年までに世界を変える』早川書房、2006年).

Sandel, Michael J.（2009）*Justice: What's the Right Thing to Do?*, Farrar Straus & Giroux（鬼澤忍訳『これからの「正義」の話をしよう：いまを生き延びるための哲学』早川書房、2010年).

Singer, Peter（2015）*The Most Good You Can Do: How Effective Altruism Is Changing Ideas About Living Ethically*, Yale University Press（関美和訳『あなたが世界のためにできるたったひとつのこと：「効果的な利他主義」のすすめ』NHK 出版、2015年).

Slim, Hugo (2017) "Nexus Thinking in Humanitarian Policy: How Does Everything Fit Together on the Ground?" (World Food Programme [WFP] Annual Partnership Consultations) October 25.
https://www.icrc.org/en/document/nexus-thinking-humanitarian-policy-how-does-everything-fit-together-ground

United Nations General Assembly (UNGA) (2015) "Transforming our world: The 2030 Agenda for Sustainable Development" (Resolution A/RES/70/1), September 25.

Wood, Adrian (2003) "Could Africa Be Like America?" (Boris Pleskovic and Nicholas Stern eds., *Annual World Bank Conference on Development Economics 2003: The New Reform Agenda*, World Bank and Oxford University Press) pp. 163–200.

World Bank (1993) *The East Asian Miracle: Economic Growth and Public Policy*, Oxford University Press (白鳥正喜監訳『東アジアの奇跡：経済成長と政府の役割』東洋経済新報社、1994年).

World Bank (1996) *World Development Report 1996: From Plan to Market*, Oxford University Press (『世界開発報告1996：計画経済から市場経済へ』イースタン・ブック・サーヴィス、1996年).

Yamagata, Tatsufumi (2016) "Sustainable Development Goals and Japan: Sustainability Overshadows Poverty Reduction," *Asia-Pacific Development Journal*, December, Vol. 23, No. 2, pp. 1–17.

私《わたし》たちが国際協力《こくさいきょうりょく》する理由《りゆう》

人道《じんどう》と国益《こくえき》の向《む》こう側《がわ》

2019年8月20日　第1版第1刷発行

著　者 —— 紀谷昌彦・山形辰史
発行所 —— 株式会社日本評論社
〒170-8474　東京都豊島区南大塚3-12-4
電話　03-3987-8621（販売）　03-3987-8595（編集）
URL　https://www.nippyo.co.jp/
印　刷 —— 精文堂印刷株式会社
製　本 —— 株式会社難波製本
装　幀 —— 図工ファイブ
検印省略
ISBN978-4-535-55945-5　Printed in Japan